Geschenken van het krentenboompje

GESCHENKEN VAN HET KRENTENBOOMPJE

Wat de natuur ons leert
over geven en nemen

ROBIN WALL KIMMERER

Vertaald door Nicole Seegers

ALTAMIRA

MIX
Papier | Ondersteunt verantwoord bosbeheer
FSC® C083411

Voor het papieren boek is papier gebruikt dat onafhankelijk is gecertificeerd door FSC® om verantwoord bosbeheer te waarborgen.
Kijk voor meer informatie op www.harpercollins.co.uk/green.

Altamira is een imprint van Uitgeverij HarperCollins Holland, Amsterdam.

Oorspronkelijke titel: *The Serviceberry*
Originele uitgave verschenen bij Scribner, imprint van Simon & Schuster, LLC

Vertaling: Nicole Seegers
Illustraties: John Burgoyne
Illustratie omslag: Mary Vaux Walcott, Smithsonian American Art Museum, Gift of the artist, 1970.355.455; Boston Athenaeum/Gift of Isaac Sprague, Jr.; foto: Bridgeman Images
Omslagbewerking: Studio Nico Swanink
Zetwerk binnenwerk: -Lein | redactie & vormgeving

ISBN 978 94 013 0633 1
ISBN 978 94 013 0634 8 (e-book)
NUR 320
Eerste druk juni 2025

HarperCollins Holland is een divisie van Harlequin Enterprises ULC.

www.harpercollins.nl (info@harpercollins.nl)
www.altamira.nl

Voor mijn goede buren,
Paulie en Ed Drexler.

Alles wat
gedijt is
wederkerig

De koele adem van de avond glijdt van de beboste heuvels af en duwt de hitte van de dag opzij, en tegelijk komen de vogels, die net zo naar de koelte snakken als ik. Ze komen in een zwerm en hun geroep klinkt als gelach, en ik móét wel net zo blij teruglachen. Ik zie ze overal om me heen, Cederpestvogels en Katvogels, en in een flits de regenboogkleuren van Sialia's. Ik heb me nog nooit zo verwant gevoeld met mijn naamgenoot, Robin de Roodborst, als op dit moment, terwijl we allebei onze mond volproppen met bessen en grinniken van geluk. De struiken hangen vol met dikke rode, blauwe en purperkleurige trossen in elk stadium van rijpheid, zoveel dat je handenvol tegelijk kunt plukken. Ik ben blij dat ik een emmer heb, en die wordt al behoorlijk zwaar. De vogels dragen de bessen mee in de emmer van hun buik en vragen zich af of ze met zoveel vracht nog wel kunnen vliegen.

Deze overvloed aan bessen voelt als een zuiver geschenk van het land. Ik heb ze niet verdiend, ik heb er niet voor betaald en er ook niet voor gewerkt. Er bestaat geen waardeformule om vast te stellen of ik recht op ze heb, op welke manier dan ook. En toch zijn ze hier, samen met de zon en de lucht en de vogels en de regen die zich verzamelt in torenhoge bloemkoolwolken; in de verte ontwikkelt zich een hevige bui. Je zou ze natuurlijke grondstoffen of diensten van het ecosysteem kunnen noemen, maar de Roodborsten en ik kennen ze als geschenken. Met onze mond vol uiten we zingend onze dankbaarheid.

Dat ik zo verrukt ben komt deels door hun onverwachte aanwezigheid. Ik had nooit gedacht dat ik ze hier zou kunnen plukken. De lokale inheemse Krentenboom, *Amelanchier arborea*, heeft kleine, harde vruchten die aan de droge kant zijn, en slechts af en toe is er een boom die zoete bessen biedt. De gulheid in mijn emmer is afkomstig van een westerse soort – *A. alnifolia*, ook wel Saskatoon genoemd –, geplant door mijn buren Paulie en Ed, die een boerderij runnen. Dit is het eerste jaar dat hun boompjes vruchten dragen, en ze produceren bessen met een enthousiasme dat niet onderdoet voor het mijne.

Saskatoon, Juneberry, Shadbush, Shadblow, Sugarplum, Sarvis en Serviceberry zijn enkele van de vele namen die de *Amelanchier* in het Engels heeft. Etnobotanici weten dat hoe meer namen een plant heeft, hoe groter zijn culturele betekenis is. Het boompje is geliefd om zijn vruchten, voor medicinaal gebruik, en om zijn massa's bloempjes die bij het eerste vleugje voorjaar de bosranden wit kleuren. Het Krentenboompje staat bekend als een kalenderplant, zo trouw is het aan de weerpatronen van het seizoen. Als het bloeit, is dat een teken dat de vorst uit de grond is. Volgens de folklore was dit de periode dat bergwegen begaanbaar werden voor rondreizende predikanten die her en der kerkdiensten hielden. Verder is het voor visserslui een betrouwbare indicator dat de elften stroomopwaarts zwemmen, of dat was het tenminste in de tijd toen rivieren nog helder waren en onbelemmerd konden stromen om het paaien van elften mogelijk te maken.

Traditionele inheemse volkeren trekken elk jaar rond over hun land naar de plekken waar het voedsel oogstklaar is, en voor hen zijn kalenderplanten als het Krentenboompje belangrijk om hun verplaatsingen te kunnen afstemmen op de seizoenen. In plaats van het land aan te passen aan hun behoeften, passen ze zichzelf aan. Volgens de seizoenen eten is een manier om overvloed te eren, door ervoor open te staan waar en wanneer het zich aanbiedt. Massa's groente- en fruithallen en supermarkten maken het mogelijk om te krijgen wat we maar willen en wanneer we maar willen. We dwingen het voedsel naar ons toe te komen, tegen een aanzienlijke financiële en ecologische prijs, in plaats van er een gewoonte van te maken om te nemen wat ons gegeven wordt, elk product op zijn tijd. De bessen van dit Krentenboompje zijn niet gedwongen, en hun CO_2-voetafdruk is nihil. Misschien smaken ze daarom zo goed: ze zijn er alleen in deze tijd van het jaar, als voorbijgaande nipjes van de zomer, zonder de nasmaak van schade.

Het Krentenboompje heet in het Engels *Serviceberry*, een naam die niet is afgeleid van het woord 'service', maar van de verwante soort Sorbus, de Lijsterbes, die ook tot de rozenfamilie behoort. 'Sorbus' veranderde in 'sarvis' en daaruit ontstond weer 'service'. Hoewel de naam dus niet gebaseerd is op de voordelen van het boompje, levert het wel degelijk een groot aantal goederen en diensten, niet alleen aan mensen, maar ook aan veel andere aardbewoners. Het ondersteunt de biodiversiteit. Herten en Elanden eten graag van het Krentenboompje, en voor pas uitgekomen insecten is het een onmisbare, vroege bron van stuifmeel. Het is ook een waardplant voor een hele reeks vlinderlarven, zoals de *Papilio glaucus*, Viceroys, Atalanta's en *Teclinae*, en voor besetende vogels die in het broedseizoen afhankelijk zijn van de calorieën die het boompje levert.

Ook mensen zijn afhankelijk van die calorieën, vooral degenen die op de traditionele, inheemse manier met voedsel omgaan. Bessen van het Krentenboompje waren een onmisbaar ingrediënt bij de bereiding van pemmikan. De gedroogde bessen werden met gedroogd herten- of bizonvlees tot een fijn poeder gestampt, gebonden met uitgesmolten en geklaard vet, en gevormd tot wat we nu energierepen zouden noemen. Dit uiterst geconcentreerde, geconserveerde voedsel verschafte mensen in perioden van honger alles wat ze aan voedingsstoffen nodig hadden, was makkelijk te vervoeren en kon ook nog eens worden opgeslagen of meegenomen. Pemmikan werd een onderdeel van de traditionele handelseconomie, een geraffineerd lokaal en transcontinentaal netwerk dat essentiële materialen dwars door ecosystemen en culturen heen verspreidde. Zo kon een overschot aan bessencalorieën worden geruild tegen goederen die lokaal niet beschikbaar waren.

Overal waar ze groeien zijn Krentenboompjes een onderdeel van inheemse voedingsgewoonten. Ik ben lid van de Potawatomi, een van de Anishinaabe-volkeren uit het gebied rond de Great Lakes. Ik heb het voorrecht gehad om bij traditionele feesten de siroopachtige, purperkleurige compote van bessen van het Krentenboompje te proeven, die de basis hebben gelegd voor mijn smaakpapillen en mijn herinneringen aan dit voorouderlijke eten.

In het Potawatomi heet het Krentenboompje *Bozakmin*, en dat is een superlatief: de beste van de bessen. Ik voel er een op mijn tong en ben het met mijn voorouders eens dat dit de juiste naam is. Stel je een vrucht voor die smaakt als een kruising tussen een Blauwe bes en het aangenaam pittige van een Appel, een vleugje rozenwater en iets van knapperige zaadjes met amandelsmaak. Niets in een supermarkt kan daaraan tippen: wild, complex, met een smaak die je lichaam herkent als het echte voedsel waar het al zo lang op wacht. Als ik ze eet, voel ik mijn mitochondriën bijna een vreugdedansje maken.

Het belangrijkste deel van het woord *Bozakmin* is voor mij 'min', waar het woord 'bes' van afstamt. Het komt voor in onze Potawatomi-woorden voor Blauwe bes (*Minaan*), Aardbei (*Odemin*), Framboos (*Mskadiismin*) en zelfs Appel (*Mishiimin*), Mais (*Mandamin*) en Wilde Rijst (*Manomin*). Dat woord is een openbaring, want ook het woord 'geschenk' is ervan afgeleid. Door de planten die ons overladen met goedheid zo te noemen, erkennen we dat het geschenken zijn van onze plantaardige verwanten, blijken van hun vrijgevigheid, zorg en creativiteit. James Vukelich, een Anishinaabe-taalkundige, zegt dat deze plantaardige geschenken 'een blijk [zijn] van de onvoorwaardelijke liefde die planten voor mensen hebben'. Planten bieden alles wat ze hebben aan iedereen die het nodig heeft, 'evengoed aan zondaars als aan heiligen', schrijft hij.

Ik kan niet anders dan naar ze staren, naar deze glimmende pareltjes in het kommetje van mijn hand, en ze mijn dankbaarheid toefluisteren. De eerste instinctieve reactie bij zulke geschenken is dankbaarheid, en die dankbaarheid vloeit naar onze plantaardige oudsten en straalt uit naar de regen, naar de zonneschijn, naar de struiken waarvan je bijna niet kunt geloven dat ze volhangen met zoete hapjes in een wereld die soms zo bitter is.

In de ogen van de Anishinaabe zijn niet alleen vruchten geschenken, maar alles wat het land ons levert om in ons levensonderhoud te voorzien, van vissen tot brandhout. Alles wat ons leven mogelijk maakt – de stroken voor manden, wortels voor geneesmiddelen, de bomen die het hout leveren voor onze huizen en de bladzijden van onze boeken – wordt verschaft door het leven van meer-dan-menselijke-wezens. Dat is altijd zo, of we nu direct uit het bos oogsten of via handel uit een rek in een winkel: alles is afkomstig van de Aarde. Als we het niet langer hebben over spullen, natuurlijke hulpbronnen of handelsartikelen, maar over geschenken, verandert onze relatie tot de natuurlijke wereld compleet.

In de traditionele economie van de Anishinaabe is het land de bron van alle goederen en diensten, die worden verspreid via een soort uitwisseling van geschenken: het ene leven wordt gegeven ter ondersteuning van een ander leven. De focus ligt op het ondersteunen van het welzijn van het volk, niet slechts van een individu. Het ontvangen van een geschenk van het land gaat gepaard met de verantwoordelijkheid van delen, eerbied, wederkerigheid en dankbaarheid, en daaraan word je herinnerd.

Dit soort dankbaarheid is zoveel meer dan een beleefd 'dank je wel'. Geen automatisch ritueel van 'manieren', maar het erkennen van een schuldplichtigheid die je doet stilstaan bij het besef dat je leven gevoed wordt uit het lichaam van Moeder Aarde. Met vingers die plakkerig zijn van het bessensap word ik eraan herinnerd dat mijn leven afhangt van het leven van anderen, zonder wie ik simpelweg niet zou bestaan. Water is leven, voedsel is leven, grond is leven, en zij worden óns leven door het wonder van fotosynthese en gasstofwisseling. Alles wat we nodig hebben om te leven stroomt door het land. Dat we haar Moeder Aarde noemen is geen holle metafoor. Het voedsel in onze mond is de draad die ons verbindt in een relatie die tegelijk spiritueel en fysiek is, omdat ons lichaam wordt gevoed en onze geest verrijkt met het gevoel ergens bij te horen, en dat is het allerbelangrijkste voedsel. Ik heb geen recht op deze bessen, maar toch liggen ze in mijn emmer, als een geschenk.

Deze emmer met bessen symboliseert honderden uitgewisselde geschenken die tot mijn blauwgevlekte vingers hebben geleid: de Esdoorns die hun bladeren aan de aarde hebben gegeven, de talloze ongewervelde dieren en microben die voedingsstoffen en energie hebben uitgewisseld om de humus te ontwikkelen waarin een zaadje

van het Krentenboompje wortel kon schieten, de Cederpestvogel die dat zaadje heeft laten vallen, de zon, de regen, de insecten die in het vroege voorjaar de bloemen hebben bestoven, de boer die een schop heeft gebruikt om de zaailingen voorzichtig een plekje te geven. Ze maken allemaal deel uit van de uitwisseling van geschenken, waardoor iedereen krijgt wat hij nodig heeft.

Veel inheemse volkeren, ook mijn Anishinaabe-verwanten en mijn Haudenosaunee-buren, krijgen van huis uit mee wat bekendstaat als 'een cultuur van dankbaarheid', waarbij de manier van leven draait om erkenning en verantwoordelijkheid voor aardse geschenken, zowel ceremonieel als pragmatisch. Onze oudste verhalen herinneren ons eraan dat het oneerbiedig is tegenover het geschenk om geen dankbaarheid te tonen en dat dat ernstige gevolgen heeft. Als je oneerbiedig bent tegenover de Bevers door er te veel te vangen, vertrekken ze. Als je Mais verspilt, lijd je honger.

Als je de geschenken opsomt die je hebt ontvangen, krijg je een gevoel van overvloed en besef je dat je al hebt wat je nodig hebt. 'Genoegheid' erkennen is een radicale daad in een economie die ons altijd aanspoort om meer te consumeren. Data vertellen ons dat er 'genoeg' calorieën op de planeet zijn om alle acht miljard bewoners te voeden. En toch verhongeren er mensen. Stel je voor wat er zou gebeuren als ieder van ons gewoon genoeg zou nemen in plaats van veel meer dan ons toekomt. We zouden de rijkdom en de zekerheid waar we zo naar lijken te smachten, kunnen bereiken door te delen wat we hebben. Ecopsychologen hebben aangetoond dat als we dankbaarheid zouden beoefenen, de hyperconsumptie zou dalen. Relaties die worden gevoed door te denken in geschenken zorgen ervoor dat ons gevoel van schaarste en verlangen afneemt. In dat klimaat van genoegheid daalt ons verlangen naar meer en nemen we alleen maar wat we nodig hebben, uit respect voor de vrijgevigheid van de gever. Klimaatrampen en biodiversiteitsverlies zijn de gevolgen van onbeperkt nemen door de mens. Zou het kweken van dankbaarheid een deel van de oplossing zijn?

Paulie is ook verbaasd dat ik deze bessen ken, omdat ze voor de meeste mensen hier in de buurt nieuw zijn. Als wildplukker ben ik gewend om de stemmen van Cederpestvogels te volgen – en dan tot mijn teleurstelling slechts een handvol bessen te vinden die ze voor me hebben overgelaten. Nooit eerder heb ik er zoveel gezien als hier, geplant door mijn vriendin. Ze is opgetogen als ze hoort dat wij ze als belangrijk cultureel voedsel beschouwen, en ik zie dat mijn verrukking haar ook blij maakt.

Als onze eerste reactie op het ontvangen van geschenken dankbaarheid is, dan is onze tweede reactie wederkerigheid: iets terugdoen voor een geschenk. Wat zou ik deze planten kunnen geven in ruil voor hun vrijgevigheid? Ik zou rechtstreeks iets kunnen terugdoen, zoals onkruid wieden of ze water geven, of een lied van dank aanbieden zodat mijn waardering wordt meegevoerd met de wind. Ik zou een habitat kunnen maken voor de solitaire bijen die de vruchten hebben bestoven. Of misschien zou ik indirect actie kunnen ondernemen door te doneren aan een lokale natuurorganisatie, zodat er meer habitats voor de geschenkgevers worden gered, of door te spreken bij een openbare hoorzitting over het gebruik van land, of door een kunstwerk te maken dat anderen uitnodigt in het web van wederkerigheid. Ik zou mijn CO_2-voetafdruk kunnen verkleinen, stemmen vóór gezonde grond, pleiten voor het behoud van landbouwgrond, mijn eetpatroon veranderen, mijn was in de zon te drogen hangen. We leven in een tijd waarin elke keuze ertoe doet.

In een geschenkeconomie zijn dankbaarheid en wederkerigheid de betaalmiddelen, en ze hebben allebei de opmerkelijke eigenschap dat ze zich bij elke ruil vermenigvuldigen, doordat hun energie samenkomt op het moment dat ze van hand tot hand gaan: een echt duurzaam middel.

Kunnen we ons een menselijke economie voorstellen met een betaalmiddel dat de stroom van Moeder Aarde kan nabootsen? Met geschenken als betaalmiddel?

Laat me verduidelijken wat ik bedoel als ik het heb over wederkerigheid als een relatie. Ik bedoel niet een bilaterale ruil waarbij een verplichting wordt aangegaan die vervolgens vervalt na een wederzijdse 'betaling'. Ik bedoel dat het geschenk op een open en diffuse manier in beweging wordt gehouden, zodat het zich niet opstapelt en stagneert, maar blijft bewegen, zoals het geschenk van bessen door een ecosysteem. Wij ecologen bekijken het betaalmiddel van ecosystemen vanuit de biogeochemie: de kringloop van de grondstoffen van het leven, tussen de levenden en de niet-levenden.

De bessen vallen met een aangename plop in mijn emmer. Nu hij zwaarder wordt, is het de moeite waard om stil te staan bij waar ze van gemaakt zijn. Deze bessen van het Krentenboompje bevatten zowel basisstoffen, bijvoorbeeld koolstof en stikstof, als de energie die in de zoete suikers opgeslagen zit. Om deze natuurlijke economie te begrijpen en op de onze te kunnen toepassen, moeten we in gedachten houden dat stoffen en energie zich verschillend door een ecosysteem bewegen.

Stoffen als koolstof, stikstof en fosfor – de onmisbare elementen van het leven – circuleren door een ecosysteem en veranderen daarbij eindeloos van vorm. Laten we de koolstof in het Krentenboompje volgen. De bladeren van het boompje hebben kooldioxide uit de atmosfeer gehaald, en daarvan hebben ze suiker gemaakt met behulp van het geniale mechanisme dat we fotosynthese noemen. Het geschenk van de atmosfeer bevindt zich nu in de bes. Als de Cederpestvogel die naar binnen schrokt, gaat een deel van de koolstof naar de veren die een gele streep op zijn staart schilderen en schitteren in het middaglicht. Als een van die veren op de grond valt, wordt dat voedsel voor kevers, die op hun beurt voedsel worden voor een Woelmuis, die met zijn dood de aarde voedt, en die voedt weer de zaailing van het Krentenboompje die net is ontkiemd aan de rand van het bos. Stoffen bewegen zich door ecosystemen in een circulaire economie en worden voortdurend getransformeerd. Overvloed ontstaat door recyclen, door wederkerigheid.

De snelheid van het recyclen varieert. Soms is het een kwestie van minuten, zoals bij een fosformolecuul die heen en weer danst tussen water en een ronddraaiende cel van heldergroene alg. De alg neemt de fosfor op en wordt een paar minuten later opgegeten door dierlijk plankton, die het mineraal vervolgens weer uitscheiden, terug het water in, waar het een lekker hapje vormt voor een andere alg. Andere cycli vinden langzamer plaats. Soms worden de mineralen verzameld en langdurig opgeslagen, zoals stikstof die driehonderd jaar in de stam van een boom vastgehouden wordt, maar ze keren altijd weer terug in de kringloop. Het sap dat uit deze bessen druipt was vorige week nog regen en is al op weg terug naar de wolken. Al deze processen zijn voorbeelden voor de principes van een circulaire economie, waarin van afvalproducten geen sprake is, alleen maar van beginmaterialen. Overvloed ontstaat door materialen voortdurend te laten circuleren in plaats van ze te verspillen.

Energie is echter een heel ander verhaal. Waar chemische stoffen in een ecosysteem kunnen circuleren, stroomt energie in één onvermijdelijke richting. Energie kan wel tijdelijk worden opgeslagen, maar beweegt altijd verder, dankzij de wetten van de thermodynamica. De energie van de Zon, die opgeslagen is in de chemische verbindingen van de bessen van een Krentenboompje, levert de brandstof voor het gekwinkeleer van de Pestvogel, maar vervliegt uiteindelijk als warmte die van het gevederde lijfje afstraalt. Energie kan nooit volledig gerecycled worden; ze wordt opgebruikt door de thermodynamische inefficiëntie van energieoverdracht tussen wezens. Daarom moet energie voortdurend worden aangevuld – om ervoor te zorgen dat ze kan blijven stromen. Ik heb zonnepanelen op mijn dak, en ik draai net zozeer op zonne-energie als die panelen. Dan is het toch niet vreemd dat de Zon al sinds mensenheugenis wordt vereerd als de bron van het leven?

Je zou kunnen stellen dat in een industriële economie de 'productie' de bron is van de stroom, geworteld in menselijke arbeid en het omzetten van aardse geschenken in handelsartikelen. Maar die productie gaat vaak gepaard met grote verwoestingen. En als een economisch systeem actief verwoest wat we liefhebben, wordt het dan niet tijd voor een ander systeem?

Sommige krachtige feministische denkers helpen ons eraan herinneren dat het geven van geschenken een van de eerste menselijke relaties is. We beginnen ons leven allemaal als de ontvanger in wat Genevieve Vaughan een 'moederlijke geschenkeconomie' noemt: de stroom 'goederen en diensten' van de moeder naar het pasgeboren kind. Wanneer de moeder haar kind zoogt, verdwijnt het individuele zelf naar de achtergrond en is het algemeen welzijn het enige wat ertoe doet. De moederlijke geschenkeconomie is een biologische verplichting. Er is geen meritocratie, en voedsel hoeft niet verdiend te worden. Moeders verkopen hun melk niet aan hun baby; het is een zuiver geschenk, zodat het leven kan doorgaan. Het betaalmiddel in deze economie is de stroom van dankbaarheid, de stroom van liefde, letterlijk ter ondersteuning van het leven.

Kunnen we bij wijze van analogie het voedsel uit de borst van Moeder Aarde zien als een moederlijke geschenkeconomie? De feministische denkers betogen dat geven en nemen in die zin een fundamentele manier is van voor elkaar zorgen, zonder tussenkomst van overheden of markten. Wetenschappers als Miki Kashtan onderzoeken hoe de filosofie en de praktijk van een moederlijke geschenkeconomie onze sociale structuur rechtvaardiger en duurzamer zouden kunnen maken.

Als de Zon de bron is die de economie van de natuur

draaiende houdt, wat is dan de Zon in een menselijke geschenkeconomie – de bron die de stroom geschenken voortdurend aanvult? Misschien is het liefde.

In een Krentenboompjeseconomie neem ik het geschenk van de boom aan en verspreid ik het. Ik geef bijvoorbeeld een schaaltje bessen aan mijn buurman, die een taart bakt en deelt met zijn vriend, die zich zo rijk voelt met het voedsel en de vriendschap dat hij als vrijwilliger bij de voedselbank gaat werken. Zo gaan die dingen.

Koop ik echter in een markteconomie een doosje bessen, dan eindigt de relatie met het betalen van geld. Nadat ik mijn betaalpas tegen de automaat heb gehouden, vindt er geen enkele uitwisseling meer plaats tussen mij en de kassamedewerker of de winkel. We zijn klaar. Ik ben nu de eigenaar van deze bessen en ik kan ermee doen wat ik wil. De transactie tussen de kassamedewerker, de onderneming en mij als klant is strikt materieel. Er wordt geen gemeenschap gevormd, er worden alleen producten verhandeld. Stel je eens voor hoe vreemd – maar fantastisch – het zou voelen als je de kassamedewerker op straat tegenkwam en hij je vroeg om jouw recept voor bessentaart. Dat zou ongepast zijn. Maar als die bessen een geschenk waren, zouden jullie waarschijnlijk nog steeds staan te kletsen.

Als je de wereld een geschenk noemt, voel je dat je deel uitmaakt van het web van wederkerigheid. Het maakt je blij, en het maakt je verantwoordelijk. Als je iets als een geschenk ziet, verandert je relatie ermee diepgaand, hoewel het fysieke karakter van het 'ding' niet veranderd is. Een wollen muts die je in de winkel koopt, houdt je warm, ongeacht waar hij vandaan komt. Maar als de muts gebreid is door je lievelingstante, heb je er een heel andere relatie mee: je bent er verantwoordelijk voor, en je dankbaarheid veroorzaakt beweging in de wereld. Je zorgt waarschijnlijk veel beter voor de geschonken dan voor de gekochte muts, omdat de geschonken muts is gebreid van relaties. Dat is de kracht van denken in geschenken. Ik denk dat we beter zouden zorgen voor wat ons gegeven wordt als we zouden erkennen dat alles wat we consumeren een geschenk is van Moeder Aarde.

Ik gaf eens een lezing op het College of Natural Resources van een grote, prestigieuze universiteit. Ik greep de gelegenheid aan om vraagtekens te zetten bij die naam, want *natural resources* – natuurlijke hulpbronnen – zijn grondstoffen die we omzetten in iets waar we waarde aan hechten. Toevallig was de instelling net bezig haar naam te veranderen, vanwege de extractieve connotatie, dus ik stelde voor: 'Waarom veranderen jullie de naam niet in Instituut van Aardse Geschenken?' Je had de gelukzalige glimlach op hun gezichten moeten zien. 'Ohhh, ja,' zeiden ze met voelbaar verlangen, 'het Instituut van Aardse Geschenken – dáár willen we voor werken.' Maar ze kozen natuurlijk iets anders. 'Het was een prachtig idee,' vertelde een collega later, 'maar het zou min of meer het einde betekenen van het vermalen van bomen.'

Als we een geschenk niet goed behandelen, heeft dat zowel emotionele en ethische zwaarte als ecologische weerklank. Ik denk bijvoorbeeld aan een bron bij mij in de buurt waarvan het water ijskoud is en uit de bodem stroomt. De koude energie doet je bijna duizelen. Ik drink uit het kommetje van mijn handen, spetter mijn gezicht nat en vul mijn veldfles voor later. Is dat niet hoe water hoort te zijn: gratis en zuiver? Hoelang is het geleden dat je natuurlijk water hebt gedronken? Het voelt voor mij als een geschenk. Dat water geeft me levenskracht en maakt me blij. Denken in geschenken houdt in dat ik als dank voor het water dat ik drink de bladeren van de bodem van de poel wéghaal en oplet dat ik de randen niet modderig maak. Ik zorg voor het geschenk, zodat het kan blijven schenken.

Maar als ik de bron niet goed behandelde, door erin te plassen of door het water, dat van zichzelf is, af te dammen en te verkopen, zou dat leiden tot een emotionele breuk en zou ik de waterkwaliteit verpesten. Ik zou me net zo vies voelen als het water. Alleen al de gedachte dat iemand beweert het te bezitten voelt als een stomp in mijn maag. Maar een economie waarin water wordt gezien als een handelsartikel, als bezit dat kan worden gekocht en verkocht, laat zich niet tegenhouden door dat morele besef. Ik vind het absurd dat iemand water kan bezitten – een gratis geschenk dat als het spreekwoordelijke manna uit de hemel valt. Zou je manna kunnen verkopen zonder spiritueel in gevaar te komen? Ik denk het niet.

Hoe we denken werkt door in hoe we ons gedragen.

Als we deze bessen of die bron zien als een voorwerp, als bezit, kunnen we ze als handelsartikel gebruiken in een markteconomie. Als iets van een geschenk in een handelsartikel verandert, kan het gebeuren dat we ons niet langer druk maken om wederzijdse verantwoordelijkheid. We weten wat die onverschilligheid voor gevolgen heeft.

Dus waarom laten we ons overheersen door economische systemen waarin alles als een handelsartikel wordt beschouwd? Die schaarste in plaats van overvloed creeren, en die aansporen tot vermeerdering in plaats van delen? We hebben onze waarden opgeofferd voor een economisch systeem dat actief schade toebrengt aan wat we liefhebben. Bij het berekenen van een economische waarde, zoals het bruto binnenlands product, kijken we alleen naar de geldswaarde op de markt, van datgene wat gekocht en verkocht kan worden. Daarbij is er geen ruimte voor de economische waarde van schone lucht en koolstofvastlegging en de onbeschrijfelijke rijkdom van een bos vol vogelgezang. Waar is de waarde van een vlindersoort die het al duizenden jaren goed doet en nergens anders op de planeet leeft? Er bestaat geen formule die complex genoeg is om rekening te houden met het ontstaan van verhalen. Het doet me pijn dat een oud bos veel meer 'waard' is als timmerhout dan als de longen van de Aarde. En toch zit ik vast in deze economie, op alle mogelijke manieren, vast in de alomtegenwoordige extractie. Ik vraag me af hoe we dat moeten oplossen. En ik ben niet de enige.

Ik ben plantkundige, dus mijn kennis van economie en financiën is ongeveer even groot als het frummelige kelkje boven op de bes van een Krentenboompje, dat ooit een deel van de bloem was. De Latijnse naam van dat kelkje is *calyx*, mocht je toevallig hunkeren naar een verrukkelijk nieuw woord, zoals sommige mensen hunkeren naar geld.

Aan mijn grote woordenschat op het gebied van bessen heb ik niet zoveel als het over economie gaat, dus ik wil de traditionele betekenis van economie nog eens onder de loep nemen, zodat ik die kan vergelijken met mijn ideeën over de geschenkeconomie van de natuur. Waar dient economie eigenlijk voor? Het antwoord op die vraag hangt sterk af van aan wie je haar stelt. Op de website van de American Economic Association staat:

‘Het is het bestuderen van schaarsheid, het bestuderen van de manier waarop mensen hulpbronnen gebruiken en reageren op aansporingen.’ Mijn schoonzoon Dave geeft economie op een middelbare school, en het eerste principe dat zijn leerlingen leren is: economie gaat over besluitvorming als er sprake is van schaarste. Werkelijk alles op een markt wordt impliciet schaars genoemd. Met schaarste als belangrijkste principe krijg je vanzelf een mindset waarbij goederen en diensten als handelsartikelen worden beschouwd.

Mijn middelbareschooltijd ligt al ver achter me, en ik weet niet zeker of ik die denkwijze begrijp, dus vul ik een kom met verse bessen voor mijn vriendin en collega dr. Valerie Luzadis. Ze weet aardse geschenken te waarderen en is hoogleraar en oud-voorzitter van de Amerikaanse Society for Ecological Economics. Ecologische economie is een groeiend vakgebied dat de natuurlijke systemen van de Aarde, menselijke waarden en ethiek combineert met de traditionele economische theorie. Valerie beschrijft economie als ‘de manier waarop we onszelf organiseren om het leven in stand te houden en de kwaliteit ervan te verbeteren. Het is een vorm om na te denken over hoe we in ons onderhoud voorzien’. Dat spreekt me meer aan.

De woorden 'ecologie' en 'economie' zijn allebei afgeleid van het Griekse woord *oikos*, dat 'huis' of 'huishouden' betekent. Dat wil zeggen: de relatiesystemen, goederen en diensten die ons in leven houden. Het systeem van markteconomieën dat ons als standaard wordt opgelegd, is echt niet het enige model dat er bestaat. Antropologen hebben meerdere culturele structuren gezien en meegemaakt die werden gekleurd door heel andere opvattingen als het gaat over hoe we in ons onderhoud voorzien.

Terwijl de bessen in mijn emmer plopten, dacht ik na over wat ik ermee zou doen. Ik zou een portie afgeven bij vrienden en buren, en ik zou er zeker een stel invriezen om in februari bessenmuffins te kunnen maken. Dit 'probleem', van besluiten wat te doen met deze overvloed, herinnert me aan een verslag dat taalkundige Daniel Everett schreef toen hij verbleef bij een jager-verzamelaarsgemeenschap in het Braziliaanse regenwoud, en dat Lewis Hyde heeft opgenomen in zijn belangrijke boek *The Gift*.

Everett zag dat een jager met een flinke prooi naar huis kwam – veel te groot voor zijn familie. De onderzoeker vroeg hoe hij het overschot ging bewaren. Roken en drogen waren bekende technieken; ook opslaan was mogelijk. De jager begreep zijn vraag niet. Het vlees opslaan? Waarom zou hij dat doen? In plaats daarvan nodigde hij iedereen uit voor een feestmaal, en algauw zaten naburige families gezamenlijk rond zijn vuur, tot elk stukje vlees op was. Op de antropoloog kwam dat over als onaangepast gedrag, en hij stelde zijn vraag nogmaals: je bent in het woud nooit zeker van vlees, dus waarom sloeg de jager het vlees niet op voor zichzelf? Dat was immers wat het economische systeem van zijn eigen cultuur zou voorschrijven.

'Mijn vlees opslaan? Ik sla mijn vlees op in de buik van mijn broeder,' antwoordde de jager.

Ik ben deze onbekende leraar zeer dankbaar voor zijn woorden. Ze bevatten namelijk de kern van de geschenkeconomie, een vroeger alternatief voor de markteconomie, een andere manier van 'onszelf organiseren om het leven in stand te houden'. In een geschenkeconomie betekent rijkdom dat je genoeg hebt om te delen, en bij overvloed is het de gewoonte om die weg te geven. Status wordt niet bepaald door hoeveel iemand verzamelt, maar door hoeveel iemand weggeeft. Het betaalmiddel in een geschenkeconomie is relatie, uitgedrukt als dankbaarheid, als onderlinge afhankelijkheid en de voortdurende cycli van wederkerigheid. Een geschenkeconomie voedt de gemeenschapsbanden die het wederzijds welzijn vergroten; de economische eenheid is 'wij' in plaats van 'ik', want alles wat gedijt is wederkerig.

Antropologen beschrijven een geschenkeconomie als een ruilsysteem waarin goederen en diensten circuleren zonder dat er expliciet een directe tegenprestatie wordt verwacht. Wetenschapper en filosoof Marshall Sahlins noemt algemene wederkerigheid als de kern van een geschenkeconomie, die het best functioneert in kleine, hechte gemeenschappen. Degenen die hebben, geven aan degenen die niet hebben, zodat iedereen in het systeem heeft wat hij nodig heeft. Het wordt niet van bovenaf geregeld, maar komt voort uit een collectief gevoel van billijkheid bij 'genoegheid' en verantwoordelijkheid bij het verdelen van de geschenken van de Aarde.

Charles Eisenstein schrijft in zijn boek *Naar een economie van verbinding* dat geschenken het mystieke besef versterken dat we deelnemen aan iets groters dan wijzelf dat tegelijkertijd niet losstaat van onszelf. De axioma's van rationeel eigenbelang veranderen doordat het zelf is uitgedijd om iets van de ander te kunnen opnemen. Als de gemeenschap gedijt, dan deelt iedereen in die gemeenschap in de overvloed – of de schaarste – die de Natuur biedt.

De ruilmiddelen in een geschenkeconomie zijn dankbaarheid en verbondenheid in plaats van goederen of geld. Een geschenkeconomie kent een systeem van sociale en morele overeenkomsten over indirecte wederkerigheid in plaats van directe ruil. Met andere woorden: de jager die vandaag een feestmaal met je deelt, kan verwachten dat jij hem in de toekomst een deel van een goede visvangst geeft of aanbiedt zijn boot voor hem te repareren. De voorspoed van de gemeenschap ontstaat door de stroom van relaties, en niet door het verzamelen van goederen.

Als we de natuurlijke wereld zien als een geschenk in plaats van als privébezit, zijn er ethische beperkingen aan het verzamelen van overvloed die niet van jou is. Geschenken horen niet te worden gehamsterd en daarmee schaars te worden voor anderen; ze horen te worden weggegeven, waardoor iedereen voldoende heeft.

Geschenkeconomieën, van informele tot versies met veel voorgeschreven rituelen, zijn bekend van traditionele inheemse gemeenschappen over de hele wereld. Tijdens bijeenkomsten van mijn volk, de Potawatomi, wordt vaak een weggeefceremonie gehouden, met als doel de relaties te versterken door geschenken te geven. In de westerse wereld krijg je geschenken als je een belangrijke gebeurtenis in je leven viert, maar bij ons is het omgekeerd. Wie gezegend is met geluk, laat anderen daarin delen door iets weg te geven.

Bekende voorbeelden van geschenkeconomieën zijn onder andere de potlatches van volkeren in de Pacific Northwest, waarbij er geschenken binnen de groep circuleren die de banden verstevigen en rijkdom herverdelen. Traditionele potlatches zijn feesten waarbij met enorme ruimhartigheid geschenken worden weggegeven ter ere van belangrijke levensgebeurtenissen. De ceremoniële feesten laten de rijkdom van de gevers zien, verhogen hun aanzien en bevestigen hun verbondenheid met een web van relaties. De ontvangen geschenken worden waarschijnlijk bij de volgende ceremonie weer weggegeven, waardoor rijkdom in beweging blijft en wederzijdse banden nog verder versterkt worden. Deze geritualiseerde herverdeling van rijkdom werd onder invloed van missionarissen in de negentiende eeuw verboden door koloniale regeringen. Potlatches zouden in strijd zijn met 'de beschaafde waarden van vermeerdering' en ondermijnden het idee van individueel bezit en van vooruitgang – beide onmisbaar voor de koloniale agenda van assimilatie.

Deze traditionele waarden van relatie en wederkerigheid klinken nog altijd door in hedendaagse inheemse economieën, zo laat dr. Ronald Trosper, econoom en lid van de Salish-Kootenai, zien in zijn boek *Indigenous Economics: Sustaining Peoples and Their Lands*. Goede relaties opbouwen met de menselijke en de meer-dan-menselijke wereld is de belangrijkste valuta van welzijn. Deze relationele waarden vormen lopende overeenkomsten over allerlei economische behoeften van de stam, van timmerhout tot zalm. In de krant woedt soms een discussie over de vraag of we land als morele verantwoordelijkheid of als handelsartikel moeten zien.

Trosper vertelt hoe het vormen van relaties leidde tot de historische overeenkomst van inheemse stammen met de Amerikaanse regering om het culturele landschap van de Bears Ears, twee heuvels, zogenoemde *buttes*, te beschermen als een nationaal monument – het eerste waarbij de aandacht uitgaat naar de oorspronkelijke bewoners van Amerika. Vijf verschillende stammen werkten aan hun relatie met de federale overheid om een aards geschenk, dat gezamenlijk beheerd werd, voor altijd te beschermen. Het was een transformatieve stap naar het helen van een lange geschiedenis van koloniaal landjepik, maar dat hoopvolle model van inheemse economie werd abrupt ingeperkt toen Donald Trump het besluit ongedaan maakte en de rechten op die heilige gebieden overdroeg aan een particulier uraniummijnbouwbedrijf. Er waren verkiezingen voor nodig om dát besluit weer ongedaan te maken.

De economische strijd tussen koloniale en inheemse betaalmiddelen eindigde niet met de Bizon.

De geschiedenis van kolonisatie in dit land wordt geschraagd door deze twee economische wereldbeelden: van voorspoed die wordt verkregen door individuele vermeerdering, en voorspoed die wordt verkregen door het delen van gemeenschappelijke bezittingen. De hele onderneming van het onteigenen en doen assimileren van de oorspronkelijke bevolking was bedoeld om het idee van land als een bron van het gevoel ergens thuis te horen uit te roeien en te vervangen door het idee dat land slechts een bron van bezit is. En daarvoor moest de definitie van welzijn worden versmald – van gezamenlijke rijkdom naar individuele rijkdom, van overvloed naar schaarste.

Je hoeft niet aan een potlatch deel te nemen om de geschenkeconomie te ervaren. Als je je bewustzijn openstelt en geschenkeconomieën benoemt, zie je ze overal om je heen.

FREE FARM STAND

Als augustus is aangebroken zet mijn buurvrouw Sandy verderop in de straat een tafel onder de esdoorns voor haar oude boerderij. De weckpotten met fleurige gladiolen trekken mijn aandacht. Ik zie ook een berg courgettes, een mand met nieuwe rode aardappelen en een bordje waarop 'gratis' staat. Een mens kan ook te veel gladiolen hebben, en dus deelt mijn buurvrouw de blije bloemen met wie er ook bij haar tafel stopt. De courgettes zijn een ander verhaal.

Met de hitte aan het einde van de zomer kan het gebeuren dat je hier elke dag een courgette kunt oogsten, en dan valt het niet mee om een bestemming te vinden voor de vruchten die je over hebt. In een paar dagen tijd groeien ze van maatje komkommer uit tot een honkbalknuppel. Er zijn mensen die ze bij elkaar in de brievenbus stoppen of ze stiekem op de bestuurdersstoel in een geparkeerde auto leggen. Ik weet niet zeker of je dit een geschenk kunt noemen – eerder een geheim spel van zelfbehoud. Maar niet iedereen heeft een tuin en last van een courgetteplaag. Sandy ziet tot haar vreugde dat er een auto stopt, misschien op weg naar huis vanaf het werk, om het geschenk van verse groenten voor het avondeten en een boeket voor op tafel mee te nemen. Het ruilmiddel is de heimelijke glimlach op beide gezichten.

De gewoonte om spullen weg te geven door ze in de voortuin te zetten lijkt besmettelijk te zijn in onze straat. Op een dag stond er een oude caravan geparkeerd aan de rand van een pas gemaaid hooiland. Geen elektriciteit of water. Een week later stond er een geïmproviseerde tafel bij, planken op twee zaagbokken. Erop uitgestald waren een versierd kruidenrek, een hoopje legerkleding, een veldfles in een canvas hoes, een knapzak en een doos met eetgerei. En een stuk karton waarop 'gratis' stond.

Is dit een economie? Ik denk het wel: een systeem van herverdeling van rijkdom dat is gebaseerd op overvloed en het plezier van delen. Iemand zegt: ik heb meer dan ik nodig heb, dus ik bied het jou aan. Ik geloof niet dat het toeval is dat al deze kleine daden op een stuk van een paar kilometer van één straat plaatsvinden. Geven doet geven, en het geschenk blijft in beweging. En er zijn nog veel meer straten.

In tijden van crisis welt de geschenkeconomie op uit het puin van een aardbeving of de ravage na een orkaan. In haar magnifieke boek *A Paradise Built in Hell* beschrijft Rebecca Solnit hoe geschenkeconomieën in tijden van rampspoed spontaan lijken op te komen. Wanneer de mens in zijn bestaan wordt bedreigd, krijgen daden van medeleven de overhand over markteconomieën. Mensen geven spontaan aan elkaar, en eigendomsbanden verdwijnen wanneer alle mensen hun voedsel, arbeid en dekens in solidariteit samenvoegen. Wanneer bestuurssystemen en schuldeconomieën verstoord worden, verschijnen netwerken van wederzijdse hulp. Er worden heldhaftige verhalen verteld over het weggeven van massa's broden die bij bakkerijen van de rekken zijn getrokken. Nog maar een paar uur eerder was dat brood privébezit dat met winst verkocht zou worden en beschermd werd tegen dieven, maar op het moment dat er moeilijkheden uitbreken, wordt het een geschenk. En degene die op de hoek van een straat op een campinggasstel van een ander soep staat op te warmen en uit te delen verdient het aanzien en de eer van de gastheer of -vrouw van een potlatch. We weten hoe we dit moeten doen, en we hunkeren ernaar om het te doen, omdat we ons bij elk geschenk dat we ruilen beter en energieker voelen.

De uitdaging is om ons aangeboren vermogen tot geschenkeconomieën te ontwikkelen zonder daartoe te worden aangezet door een ramp. We moeten geloven in onze buren – geloven dat onze gedeelde belangen voorrang krijgen op onze drang tot egoïsme. Het is tragisch dat we geloven in het aangeboden narratief van ons systeem, dat ons tegen elkaar ophitst in een nulsomspel.

Tot mijn verbazing ontdekte ik dat een van de aannames van de moderne economische theorie is dat ieder van ons zich gedraagt in overeenstemming met Adam Smiths 'rationele economische mens', die zich kenmerkt als een hebzuchtig, geïsoleerd individu dat louter uit eigenbelang handelt om zoveel mogelijk winst te behalen uit investeringen. Het systeem is zo ontworpen dat het die hypothetische karikatuur ondersteunt, waardoor het die ook lijkt voort te brengen. Maar ieder van ons weet dat uitzonderingen op dit gedrag veel talrijker zijn dan het voorspelde stereotype. Kunnen we ons een systeem voorstellen dat een andere economische identiteit bevordert? En onszelf herontdekken als buren die gezamenlijk investeren in wederzijds welzijn? Het geval wil dat er volop empirisch bewijs is voor het feit dat wij mensen, onder omstandigheden waarin we niet worden gedwongen door krachten van buitenaf, net zozeer neigen naar samenwerking en vrijgevigheid als naar eigenbelang. Stel je voor dat we het sociale en politieke klimaat creëerden ten behoeve van deze 'empathische symbiotische mens'. Ik bedoel, waarom niet?

Ik woon al een groot deel van mijn leven op het platteland en ben me er pijnlijk van bewust dat ik niet goed kan inschatten waar geschenkeconomieën nog meer naast de markt zouden kunnen bestaan. Ik geef lezingen op universiteiten door het hele land, dus ik vraag steevast aan studenten of en hoe ze deelnemen aan weggeefnetwerken. Ik hoor van alles over *freecycle*-kringen, repaircafés, mokken die aan een cafetaria zijn geschonken ter vervanging van wegwerpbekers, kledingruilbeurzen, de Buy Nothing-beweging en weggeefwinkels op campussen waar noodzakelijke spullen van de ene lichting kamerbewoners aan de volgende worden doorgegeven zonder dat er een cent wordt betaald. De studenten onderwijzen elkaar over de nadelige gevolgen van hun eigen consumptie- en weggooigedrag. Ze vertellen me over de milieurechtvaardigheid die in het geding komt door een mega-afvalverbrandingsfabriek in de buurt van een gemeenschap van kleur. Ze worden enthousiast van de gedachte dat elk artikel dat via de gratis winkel bij een ander terechtkomt geen giftige luchtvervuiling veroorzaakt in een stad waar veel kinderen met astma wonen. Ze erkennen dat hun gratis winkel maar heel weinig effect heeft op de overconsumptie en de hoeveelheid afval, maar hij laat wel zien hoe gemotiveerd ze zijn om na te denken over alternatieven die niet een hoop onrechtvaardigheid en plastic veroorzaken – en die alternatieven vervolgens ook in de praktijk te brengen.

Het is denk ik niet verwonderlijk dat veel van deze voorbeelden van de studenten uit een heel ander domein afkomstig zijn: de digitale wereld. Ze noemen al snel de toegang tot opensourcesoftware en het bestaan van Wikipedia als manifestaties van een geschenkeconomie, waarin kennis in een soort informatiemeent gratis wordt gedeeld op digitale platforms.* Ze noemen telkens weer TikTok- en YouTube-filmpjes waarvan 'je echt alles kunt

* Een meent was vroeger gemeenschappelijke weide- of heidegrond.

leren, doordat iemand zijn tijd en ervaring heeft geschonken aan iedereen die dat wil'.

Mijn weg vinden in dat digitale landschap is voor mij even onwennig als het voor de studenten is om hun weg te vinden in mijn bossen, maar ik ga op zoek naar filmpjes over geschenkeconomieën – en kom ze overal tegen. Ik ontdek onder meer wederzijdse hulpgroepen, lokale geschenkeconomieën, alternatieve lokale betaalmiddelen, uitwisselingen van werk met gesloten beurs, coöperatieve boerderijen en peer-to-peer-lenen. Bij al deze acties zie ik creativiteit en het verlangen om verandering teweeg te brengen.

We leven in het spanningsveld tussen wat is en wat mogelijk is. Aan de ene kant zijn we getuige van de wederkerigheid van de economie van de natuur, die ons laat zien hoe het allemaal hoort te werken, en aan de andere kant zien we de gevolgen van het extractief kapitalisme, dat een loopje neemt met elk aspect van de 'wet van de natuur'. Ik weet zeker dat ik niet de enige ben die zich daar wanhopig over voelt, net als over mijn machteloosheid om dat te veranderen. Met het belichten van deze alternatieven hebben mensen de moed om te zeggen: 'Laten we iets anders creëren, iets wat in overeenstemming is met onze waarden. We hoeven niet medeplichtig te zijn.'

Ik vind het bemoedigend dat burgers al deze innovaties bedenken uit verzet tegen de economische systemen die verwoesten wat we liefhebben, door nieuwe systemen in het leven te roepen die zijn gebaseerd op het beschermen van wat ons dierbaar is. Innovaties die voortkomen uit de samenleving en die niet van bovenaf worden opgelegd, worden ook wel grassrootsinnovaties genoemd. Dat woord spreekt me erg aan en lijkt me toepasselijk, omdat we de geschenkeconomie van planten proberen na te bootsen.

De kwestie van overvloed benadrukt het opvallende verschil tussen onze manier van leven, die de aardbol is gaan beheersen, en de oude geschenkeconomieën die daaraan voorafgingen. Er zijn veel voorbeelden van functionerende geschenkeconomieën – meestal in kleine samenlevingen met hechte relaties, waarin het welzijn van de gemeenschap als de 'eenheid' van succes wordt gezien – waarin het belang van 'wij' groter is dan dat van 'ik'. In een tijd waarin economieën zo groot en onpersoonlijk zijn geworden dat ze het welzijn van de gemeenschap schaden in plaats van bevorderen, moeten we misschien nadenken over andere manieren om de uitwisseling van goederen en diensten waaruit een economie bestaat te organiseren.

De meeste mensen zitten gevangen in de markteconomie, per definitie een monetair systeem waarin de productie en distributie van goederen gereguleerd worden door de 'marktkrachten' van vraag en aanbod. Uitwisselingen zijn vrijwillig en het staat ondernemers vrij om winst na te jagen. De markteconomie is gebaseerd op privébezit en concurrentie bij het omgaan met de kloof tussen vraag en aanbod. Dat wil zeggen: schaarste. Hoe groter de kloof tussen vraag en aanbod, hoe groter de schaarste, en daardoor stijgt de prijs van die goederen en volgen er hogere winsten. In een markteconomie moet vlees privébezit zijn – iets wat wordt verzameld voor het welzijn van de jager of geruild voor valuta. De hoogste status en het grootste succes worden bepaald door bezit en winst. Voedselzekerheid wordt gewaarborgd door vermeerdering van privébezit.

Geschenkeconomieën komen voort uit de overvloed aan geschenken van de Aarde, die van niemand zijn en daarom worden gedeeld. Door te delen ontwikkelen zich relaties van welwillendheid, en banden die garanderen dat je wordt uitgenodigd voor het feest wanneer je buren geluk hebben. Je kunt zekerheid waarborgen door de banden van wederkerigheid te koesteren. Margaret Atwood schrijft: 'Telkens als een geschenk wordt gegeven, wordt het bezield en vernieuwd, doordat het zowel bij de ontvanger als bij de gever nieuwe spirituele energie opwekt.' Je kunt vlees bewaren in je voorraadkast of in de buik van je broeder. Beide manieren houden honger op afstand, maar hebben totaal andere gevolgen voor de mensen en het land dat dat voedsel verschaft heeft.

Mijn economiecollega's herinneren me eraan dat we niet in een zuiver vrije markteconomie leven, maar in wat een gemengde economie wordt genoemd. Ondernemers zijn niet geheel vrij om winsten op te strijken; ze worden gereguleerd door de overheid, waarbij collectieve overeenkomsten worden uitgedrukt in wetten en beleid. Er bestaat een mix van particuliere en publieke goederen. Is er binnen die mix ruimte om geschenkeconomieën te bevorderen?

Geschenkeconomieën zijn overal. Dat wordt duidelijk als we erop gaan letten en ze benoemen. Vrienden nodigen ons uit voor een etentje of geven een kinderwagen waar hun dreumes te groot voor is geworden door aan buren met een pasgeboren baby. Een vriendin van me maakt een verrukkelijke lasagne die ze zelf niet op krijgt, dus brengt ze altijd een schaaltje naar een oudere buurman.

Zelf kom ik zo ongeveer om in de boeken, doordat ik er altijd veel van mensen krijg. Dus als ik een boek uit heb – en soms al veel eerder –, geef ik het vaak door aan een vriend. En jij doet het ook. Die simpele handeling is de kern van een geschenkeconomie. Er komt geen geld bij kijken en ik verwacht geen vergoeding, in wat voor vorm dan ook. Het boek is gered van de vuilstort, en mijn vriend en ik zijn verbonden en hebben iets om over te praten. De handeling van geven heeft een mogelijkheid tot wederkerigheid gecreëerd. Dat verschilt niet heel erg van wat de Krentenboompjes doen.

De vraag die vaak gesteld wordt is: hoe kunnen we geschenkeconomieën van individuele relaties opschalen naar iets groters? Maar ik twijfel of dat wel de juiste vraag is. Waarom moet alles groter worden? Juist de kleine schaal en context maken de stroom van geschenken waardevol. Aan de andere kant: als we willen dat geschenkeconomieën invloed krijgen, wil ik best nadenken over hoe dat er op een gemeenschapsschaal uit zou kunnen zien.

Het dorp aan het einde van mijn straat is te klein voor

een openbare bibliotheek. Maar op een houten paal bij een van de kerken staat een fleurig geschilderd kastje dat eruitziet als een huisje met een glazen deur. De twee planken zijn gevuld met detectives, kinderboeken en enkele instructieboeken. Voorbijgangers laten een boek achter of nemen er een mee, zonder enige verplichting. Het in elkaar zetten van het kastje was een geschenk van een van de bewoners aan de gemeenschap, en dat kastje trok boeken aan als geschenk, en die boeken trokken lezers aan als geschenk. De minibiebbeweging heeft zich over het hele land verspreid om de liefde voor lezen te delen en iedereen van boeken te voorzien, in een geschenkeconomie. Dat is een stap verder dan een boek doorgeven aan een vriend: je deelt een boek met de gemeenschap.

Hoe werkt delen in een grotere gemeenschap? Ik vind openbare bibliotheken een krachtig voorbeeld van de manier waarop geschenkeconomieën op grotere schaal naast markteconomieën kunnen bestaan. Ja, er zijn particuliere boekhandels in de stad, die vaak belangrijke ontmoetingsplaatsen worden, en ik ben om vele redenen dol op boekhandels, maar ik heb ontzag voor zowel het idee als de toepassing van openbare bibliotheken. Voor mij belichamen ze de praktijk van een geschenkeconomie op publieke schaal en het idee van gemeenschappelijk eigendom. Bibliotheken zijn voorbeelden van geschenkeconomieën, omdat ze gratis – of tegen een kleine betaling – toegang bieden tot niet alleen boeken, maar ook muziek, tijdschriften, dvd's en andere dingen. We hoeven allemaal niet alles te bezitten. De boeken in de bibliotheek zijn van iedereen, en de bibliotheek biedt meer keuze dan de winkel op de hoek! Pak een boek, geniet ervan en breng het weer terug, zodat iemand anders ervan kan genieten; er valt voor iedereen volop te lezen. Het enige wat je nodig hebt, is een bibliotheekpas – een soort overeenkomst dat je het algemeen welzijn respecteert en er goed voor zorgt.

Als instelling komt de bibliotheek in de buurt van een geschenkeconomie op het terrein van het publieke leven. Het is niet exact een geschenkeconomie, omdat hij gesubsidieerd wordt met ons belastinggeld – een onvrijwillige donatie aan het algemeen welzijn. Maar ik ben me er wel door gaan afvragen of systemen waarbij gemeenschappelijk publiek bezit gedeeld wordt misschien analoog zijn aan geschenkeconomieën.

We beschouwen bibliotheken, parken, voetpaden en

culturele landschappen als publieke goederen; ze zijn wat we gemeenschappelijke middelen noemen, bedoeld om te worden gedeeld en verzorgd door de mensen die er gebruik van maken. Ze worden mogelijk wanneer we geld bij elkaar leggen in de vorm van belastingen voor het algemeen welzijn. We mopperen vaak dat we belasting moeten betalen, maar in wezen is deze wettelijke verplichting een investering in collectieve zorg – in de meent. Andere landen verschaffen zelfs nog veel meer dan boeken en natuur voor het algemeen welzijn; deze sociaaldemocratieën bieden gratis gezondheidszorg, onderwijs voor iedereen, ouderenzorg, gezinsondersteuning en investeringen in duurzaamheid. De Scandinavische economieën worden ook wel knuffelkapitalisme genoemd, en ze staan in schril contrast met het moordende kapitalisme van de Verenigde Staten. Het belastingtarief ter ondersteuning van het algemeen welzijn is in deze landen veel hoger dan in de Verenigde Staten, maar dat geldt ook voor de geluksindex, die in Scandinavië het hoogst ter wereld is. Als we weer eens belasting moeten betalen, kunnen we ons dankzij dat soort voorbeelden misschien makkelijker voorstellen hoe we elementen van geschenkeconomieën zouden kunnen bevorderen binnen het model van het kapitalisme, dat niet binnen afzienbare tijd zal verdwijnen.

Het courgette- en bloemenmodel is behalve op individuen natuurlijk ook op organisaties toe te passen. Mijn dochter leidt in haar county een programma in het kader van agrarische voorlichting, en de demonstratieveldjes van de zogenoemde Master Gardeners** leveren een overvloedige oogst op. Buiten hun kantoor staat een kraampje vol groenten en bloemen met een bord waarop staat dat buurtbewoners mogen pakken wat ze willen. De hele zomer staan er emmers vol kleur en vers voedsel. Na de laatste vorst, als alle aardappels gerooid zijn, er geen winterpompoenen meer zijn en zelfs de meest winterharde kolen hun tijd hebben gehad, is het kraampje leeg. Alles is weggegeven. Toen ze op een dag het kraampje in de schuur wilden gaan opslaan voor de winter, zagen ze tot hun verbazing dat het weg was! Iemand had het hele geval meegenomen. Ruimhartig als ze waren noemden ze het geen regelrechte diefstal, maar schreven ze de verdwijning van het kraampje toe aan de dubbelzinnige tekst op het bord. Daar stond namelijk op: 'Gratis kraampje'!

** vrijwilligers die na het volgen van een tuinbouwopleiding allerlei activiteiten binnen de gemeenschap ondernemen

Dat is het inherente probleem met geschenkeconomieën: ze kunnen niet goed functioneren als er bedriegers zijn die het vertrouwen schaden. Deze kleine geschenkeconomie ontspoorde doordat er te veel genomen werd. Doordat iemand de regels van het delen aan zijn laars lapte.

De beweegreden om publieke goederen om te zetten in privéproducten is deels gebaseerd op de theorie van de tragedie van de meent, zoals beschreven door Garrett Hardin. Hij stelde dat gedeelde middelen – bijvoorbeeld een weiland waar alle boeren hun schapen gratis mogen laten grazen – onvermijdelijk zullen worden vernietigd door tegenstrijdige eigenbelangen. Bij deze theorie werd ervan uitgegaan dat de betrokkenen het strikte eigenbelang vertoonden van de rationele economische mens; het narratief is dat er altijd iemand is die het weiland laat overbegrazen of de waterbron vervuilt, waardoor het collectieve weiland voor iedereen wordt verpest door egoïstisch gedrag. Daarom wordt er gezegd dat land geprivatiseerd moet worden in plaats van dat het in gemeenschap gehouden wordt, en dat een gemeenschappelijke bron van overvloed dus moet worden omgezet in privébezit om die te beschermen tegen de tragedie.

Dit krachtige idee is gebruikt om te rechtvaardigen dat wat ooit werd gezien als een gedeeld geschenk nu tot handelsartikel is gebombardeerd. Maar wat als dat niet juist is? Wat als er nog een ander verhaal is? Een verhaal dat de kapers probeerden uit te wissen?

Het baanbrekende werk van econoom Elinor Ostrom liet zien dat een stuk land deze gemeenschappelijke hulpbronnen in stand kan houden zonder inmenging van de overheid of markteconomieën. Met haar werk, waarmee ze inging tegen de geldende theorie, toonde ze aan dat collectieve actie, vertrouwen en samenwerking kunnen leiden tot het wederzijds welzijn van land en mensen zonder dat de kwaliteit van gemeenschappelijke hulpbronnen achteruitgaat. Voor het betwisten van de economische doctrine kreeg dr. Ostrom de Nobelprijs voor Economie. Dat is economie waar een plantkundige blij van wordt!

Dr. Ostrom kwam tot haar onderzoek na een zorgvuldige observatie van manieren van landbeheer door gemeenschappen die door koloniserende kapitalisten werden afgedaan als primitief, omdat ze geen waarde leken te hechten aan het vermeerderen van privébezit en zich daar dus ook niet voor inzetten. Tijdens een groot deel van de geschiedenis van de mens, vóór de opkomst van kapitaal, bestonden er systemen waarin mensen land beschouwden als een gezamenlijke bron van overvloed, voor iedereen toegankelijk, waardoor iedereen aan zijn behoeften kon voldoen. Maar het was niet zo dat iedereen er onbeperkt op los kon consumeren; er waren wederzijdse verplichtingen, op een schaal variërend van individueel gedrag tot internationale overeenkomsten.

In de streek waar ik vandaan kom, het rijkelijk beboste gebied rond de Great Lakes, bedachten inheemse volkeren bijvoorbeeld wat we tegenwoordig resourcemanagementplannen zouden noemen voor hun gemeenschappelijke grond. Lang voordat ze zich permanent vestigden sloten de Haudenosaunee-confederatie en de Anishinaabe-volkeren zogenoemde 'Eén kom, één lepel'-overeenkomsten in wat we nu kennen als de staat New York en het gebied rond de Great Lakes. In die overeenkomsten werd de wederzijdse afspraak vastgelegd dat het land, dat met zijn jachtgronden en allerlei soorten bronnen voedsel levert aan de inheemse volkeren, wordt beschouwd als één kom die Moeder Aarde heeft gevuld met alles wat we nodig hebben om te leven. Het wordt gezien als een geschenk, en daarom wordt het gedeeld.

Er nemen meerdere volkeren deel aan deze overeenkomsten, maar er is slechts één lepel – niet een grote lepel voor enkele volkeren en een kleine voor andere. Het is een overeenkomst om te delen, met een gezamenlijke verantwoordelijkheid om voor het land te zorgen.

Veel inheemse culturen kennen ook regels voor de enkeling die voedsel uit de natuur wil halen. Deze oude richtlijnen van het zogenoemde 'eerbiedig oogsten' voorkomen overmatige consumptie om ervoor te zorgen dat de kom vol blijft. Ik heb gehoord dat deze gedragscode het resultaat is van oneindige verdragen tussen het Mensenvolk en het Hertenvolk, het Berenvolk, het Vissenvolk en het Plantenvolk, waarin onze meer-dan-menselijke verwanten ermee akkoord gaan het geschenk van hun leven te delen ter ondersteuning van het leven van de mensen. In ruil daarvoor gaat het Mensenvolk akkoord met regels die beheersing, respect en wederkerigheid voorschrijven. Ik vermoed dat deze gedragscode ook is ontstaan doordat men fouten had gemaakt en het leed van de ecologische gevolgen had ondervonden. Ik vraag me af of we die les opnieuw ter harte zullen nemen.

Als we de Aarde zien als een groot pakhuis vol handelsartikelen, slechts als voorwerpen, eisen we een soort voorrecht op om te profiteren van wat we denken te bezitten.

Bij die manier van eigendomsdenken maakt het niet uit hoe we consumeren, omdat het maar spullen zijn, en die spullen zijn allemaal van ons. Consumptie kent geen morele beperking. En dus bevinden we ons in een tijd van ecologische en spirituele uitputting.

Maar consumenten die land als een geschenk zien waarbij de gevers 'iemand' zijn in plaats van 'iets', staan voor een moreel dilemma. Wij mensen moeten consumeren, omdat we dieren zijn die het geschenk van fotosynthese niet hebben ontvangen. Maar door ons patroon van overvloedige overconsumptie staan we nu aan de rand van de afgrond. Hoe zou het zijn om te consumeren vanuit het volle besef dat we de ontvangers zijn van aardse geschenken die we niet verdiend hebben? Om te consumeren vanuit bescheidenheid? Het is onze taak om eerbiedig te oogsten, met beheersing, respect, ontzag en wederkerigheid.

De richtlijnen voor eerbiedig oogsten zijn nergens opgeschreven, maar ze komen tot uitdrukking in kleine dagelijkse handelingen. Als ik er een lijstje van zou moeten maken, zou dat er ongeveer zo uitzien:

Ken de gewoonten en gebruiken van degenen die voor jou zorgen, zodat jij voor hen kunt zorgen.

Stel jezelf voor. Geef er rekenschap van dat jij degene bent die om een leven komt vragen.

Vraag toestemming voordat je neemt. Leg je neer bij het antwoord.

Neem nooit de eerste. Neem nooit de laatste.

Neem alleen wat je nodig hebt.

Neem alleen wat wordt gegeven.

Neem nooit meer dan de helft. Laat iets achter voor anderen.

Oogst op een manier die zo weinig mogelijk schade veroorzaakt.

Gebruik wat je neemt met respect. Verspil nooit wat je hebt genomen.

Deel met anderen.

Wees dankbaar voor wat je gegeven is.

Geef een geschenk in ruil voor wat je hebt genomen.

Steun degenen die jou steunen en de aarde zal altijd blijven bestaan.

Al mijn hele leven vraag ik de planten bij allerlei kwesties om advies. Ik vroeg me dus af wat de Krentenboompjes te zeggen hadden over de systemen die goederen en diensten creëren en verspreiden. Hoe ziet hun economische systeem eruit? Hoe reageren zij op overvloed en schaarste? Heeft hun evolutionaire ontwikkeling hen tot hamsteraars of delers gevormd?

De gewoonte om de levende wereld te observeren en inspiratie te halen uit het voorbeeld dat ze geeft, is een essentieel onderdeel van inheemse wetenschap. Deze wetenschap erkent de realiteit dat er behalve ons nog andere rationele wezens zijn van wie we zouden kunnen leren. Die oude manier van kennis opdoen komt tegenwoordig tot uiting in de opkomende wetenschap van biomimicry. Janine Benyus en andere denkers verrichten revolutionair werk door te onderzoeken hoe onze economie en sociale instellingen zouden kunnen worden ‘omgedacht’, zodat ze overeenstemmen met natuurlijke beginselen in plaats van dat ze ermee in strijd zijn.

Laten we het dus aan de Krentenboompjes vragen. Deze ongeveer drie meter hoge boompjes zijn in deze economie de producenten. Ze gebruiken de gratis grondstoffen licht, water en lucht en zetten die geschenken om in bladeren, bloemen en vruchten. Bij het maken van hun eigen lichaam slaan ze een beetje energie op als suikers, maar een groot deel ervan delen ze met anderen. Een deel van de overvloedige voorjaarsregen en voorjaarszon manifesteert zich in de vorm van bloemen, die een feestmaal vormen voor insecten wanneer het koud en regenachtig is. In ruil voor die gunst nemen de insecten stuifmeel mee. Krentenboompjes hebben zelden een tekort aan voedsel, maar ze zijn niet mobiel. Verplaatsing is een geschenk van de bestuivers, maar de energie die zij nodig hebben om zoemend rond te vliegen is schaars. De bomen en de insecten creëren dus een ruilrelatie waarbij ze allebei baat hebben.

In de zomer, als de takken zwaar beladen zijn, produceren Krentenboompjes een overvloed aan suiker. Hamsteren ze die energie voor zichzelf? Nee, ze nodigen de vogels uit voor een feestmaal. Kom, verwanten van me, vul je buikje, zeggen de Krentenboompjes. Ze slaan hun vlees op in de buik van hun broeders en zusters: de Gaaien, de Krombekspotlijsters en de Roodborsten.

Dat is toch een economie? Een systeem voor het distribueren van goederen en diensten dat tegemoetkomt aan de behoeften van de gemeenschap. De betaalmiddelen in dit economische systeem zijn energie, die erdoorheen stroomt, en grondstoffen, die circuleren onder de producenten en consumenten. Het is een systeem voor de herverdeling van rijkdom, een uitwisseling van goederen en diensten. Ieder lid heeft ergens een overvloed aan, die ze aanbieden aan anderen. De overvloed aan bessen gaat naar de vogels – want wat kan de boom anders nog met de bessen doen, behalve ze gebruiken om een relatie aan te knopen met vogels?

Te veel bessen eten heeft bij vogels hetzelfde effect als bij mensen. Fuchsiakleurige flatsen sieren de schuttingpalen. Dat is natuurlijk precies waar het bij bessen om draait: zichzelf zo onweerstaanbaar en overvloedig maken dat vogels zich eraan tegoed komen doen, net zoals wij plukkers deze avond, waarna ze de zaden wijd en zijd verspreiden. En opgegeten worden heeft nog een ander voordeel: in het spijsverteringskanaal van de vogel worden de zaden bewerkt, waardoor ze makkelijker ontkiemen. De vogels leveren diensten aan de Krentenboompjes, die op hun beurt de vogels verzorgen. De relaties die door het geschenk ontstaan, leveren weer talloze verbindingen op tussen insecten, microben en wortelstelsels. Bij elke overdracht van het geschenk vermeerdert het zich, tot het zo rijk en zoet is dat het snaterend naar buiten komt in het vogelgezang dat me 's morgens wakker maakt. Als de Krentenboompjes de overvloed hamsterden, als ze louter en alleen voor hun eigen gewin handelden, zou er weinig meer van het bos over zijn.

Dat doet me denken aan degene die het gratis kraampje stal. Dat lachten we weg als een vergissing, als iets zonder veel gevolgen, maar een mindset waarbij het als geoorloofd wordt geacht om een gratis geschenk in privébezit te veranderen, om de gemeenschap te bestelen voor persoonlijk gewin, heeft wel degelijk gevolgen. Onze kruimeldief verdient een naam, dus laten we hem Darren noemen, naar de CEO van ExxonMobil. We leggen de schuld voor de gevolgen van het genadeloze kapitalisme vaak bij het 'Systeem', en dat is ergens wel te begrijpen, gezien de ingewikkelde gelaagde interacties, maar zo makkelijk komen we er niet vanaf. Laten we niet vergeten dat het 'Systeem' wordt geleid door individuen, door een betrekkelijk klein aantal mensen, die een naam hebben, en meer geld dan God en beslist minder compassie. In directiekamers besluiten ze om fossiele brandstoffen te ontginnen voor winst op korte termijn, terwijl de wereld in de fik staat. Ze kennen de wetenschappelijke onderzoeken, ze kennen de gevolgen, maar gaan gewoon door met de ecocide. Ze zijn zo arrogant om te denken dat ze er het recht toe hebben, en hun gedrag is naar mijn gevoel niet anders dan dat van Darren de Kraamdief of Darren de Planeetvernietiger. Het zijn stuk voor stuk dieven die onze toekomst stelen, terwijl wij courgettes met elkaar delen.

Ik bagatelliseer het belang van onze mooie geschenkeconomieën niet. Integendeel: het zijn symbolen van de rijke, van het land afkomstige overvloed die mogelijk is, en ze worden bij elkaar gehouden door wat ooit werd beschouwd als een goede buur zijn. Wij zijn met veel meer dan de Darrens, en wij hebben veel meer van wat zij macht noemen.

Ik betreur het dat ik zelf ben ondergedompeld in een economie die wat mooi en uniek is tot dollars vermaalt, die geschenken omzet in handelsartikelen met een betaalmiddel dat ons in staat stelt spullen te kopen die we niet echt nodig hebben, terwijl we vernietigen wat we wel nodig hebben.

De Krentenboompjes laten ons een ander model zien, gebaseerd op wederkerigheid in plaats van vermeerdering, waarbij we rijkdom en zekerheid te danken hebben aan de kwaliteit van onze relaties en niet aan de illusie van zelfvoorzienigheid. Zonder geschenkrelaties met bijen en vogels zouden Krentenboompjes van de aardbodem verdwijnen. Zelfs als ze overvloed hamsterden en op de bovenste sport van de rijkdomladder stonden, zouden ze zichzelf niet van de ondergang kunnen redden als hun partners niet in die overvloed deelden. Hamsteren zal ook óns niet redden. Zelfs Darren niet. Alleen door onderlinge samenwerking kan iets gedijen.

Als ik de Roodborsten en de Cederpestvogels gadesla terwijl ze hun buikjes vullen, zie ik een geschenkeconomie waarin overvloed wordt opgeslagen 'in de buik van mijn broeder'. Het ondersteunen van een voorspoedige vogelgemeenschap is van essentieel belang voor het welzijn van het Krentenboompje en alle anderen in de voedselketen. Dat lijkt vooral belangrijk voor een immobiel, lang levend wezen als een boom, die niet kan wegrennen van verbroken relaties. Je kunt alleen gedijen als je sterke banden met je gemeenschap koestert.

Ik ben plantecoloog, dus vraag me af of een econoom als Valerie een geschenkeconomie herkent in de verspreiding van goederen en diensten door het Krentenboompje. Ik wil weten of we natuurlijke systemen kunnen zien als analoog aan economische systemen. Zouden we een soort biomimicry kunnen toepassen om ruilsystemen te ontwerpen waar menselijke en meer-dan-menselijke wezens tegelijkertijd baat bij hebben?

'Ja!' zegt Valerie, schijnbaar blij dat deze vraag haar eindelijk gesteld wordt. 'Natuurlijke systemen kunnen zeker als analoog aan economische systemen worden gezien.' We zien hier opnieuw de premisse van biomimicry.

Ecologisch economen als Valerie denken na over menselijke economieën naar het voorbeeld van ecologische systemen. Ze vragen zich af hoe we economische systemen kunnen opzetten die de behoeften van de burgers bevredigen en tegelijk stroken met ecologische principes waarbij rekening wordt gehouden met duurzaamheid voor de lange termijn voor mens en planeet. Valerie vertelt: 'De ecologische economie ontstond nadat we hadden gezien dat de neoklassieke economische benadering sommigen in de kou laat staan en onvoldoende rekening houdt met de ecosystemen waarvan we afhankelijk zijn. We hebben een systeem gecreëerd waarin we onszelf in de eerste plaats als consument zien en dan pas als lid van een ecosysteem. Bij de ecologische economie richten we ons op het creëren van een economie die zorgt voor een rechtvaardige en duurzame toekomst waarin zowel menselijk als niet-menselijk leven kan gedijen.'

Wat zouden we in dit opzicht van het Krentenboompje kunnen leren? Valerie antwoordt: 'Het Krentenboompje, of de Shadbush, zoals wij het bij ons thuis altijd noemen, is een voorbeeld van onderlinge afhankelijkheid en co-evolutie, en die vormen de kern van de ecologische economie. Het Krentenboompje leert ons op een andere manier naar relaties en uitwisseling te kijken. Als we de Krentenboompjeseconomie als voorbeeld nemen, kunnen we uiting geven aan de waarde van dankbaarheid en wederkerigheid als onmisbare fundamenten voor een economie.' Wederkerigheid – niet schaarste.

Als deelnemer aan een traditionele cultuur van dankbaarheid, nu met een emmer vol bessen in mijn hand, heb ik nooit begrepen waarom menselijke economieën zoveel belang hechten aan schaarste als organisatieprincipe.

Als iemand die planten als leraren heeft gehad, en met vingers vol vlekken van bessensap, vertik ik het om schaarste zo'n prominente rol te geven. Geschenkeconomieën komen voort uit het besef dat de Aarde overvloed biedt en de dankbaarheid die dat opwekt. Een visie van overvloed, gebaseerd op het idee dat er genoeg is als we het delen, ligt ten grondslag aan economieën van wederzijdse ondersteuning.

Valerie wijst erop dat zelfs ecologen vraagtekens zetten bij de veronderstelling dat hevige concurrentie de belangrijkste kracht achter evolutionair succes is. Evolutionair bioloog David Sloan Wilson heeft ontdekt dat concurrentie alleen nuttig is als we het individu als eenheid van evolutie beschouwen. Als we daarentegen van een groep uitgaan, is samenwerking een beter model – niet alleen om te overleven, maar ook om te gedijen. In een recent interview merkte auteur Richard Powers op: 'Op werkelijk elk niveau van levende wezens vindt symbiose plaats, en je kunt geen nulsomspel spelen met wezens waarvan je bestaan afhankelijk is.' Krentenboompjes hebben dat al lang geleden ontdekt, en de mens moet een inhaalslag maken. Toch blijven we handelen op basis van concurrentie.

Er bestaat geen twijfel over het feit dat alle levende wezens op diverse momenten een mate van schaarste ervaren, en dat er dus concurrentie plaatsvindt om beperkte hulpbronnen, zoals licht, water of bodemstikstof. Maar omdat door concurrentie de draagkracht van alle betrokkenen afneemt, geeft natuurlijke selectie de voorkeur aan degenen die concurrentie kunnen vermijden. Dat vermijden gebeurt vaak door te stoppen met behoefte te hebben aan datgene waar een tekort aan is, alsof de evolutie oppert: als er niet genoeg is van hetgeen waar je behoefte aan hebt, zorg dan dat je behoefte krijgt aan iets anders. En die specialisatie om schaarste te vermijden heeft geleid tot een duizelingwekkend grote biodiversiteit, waarbij iedere soort concurrentie vermijdt door anders te zijn. Diversiteit in manieren van zijn is een antigif.

Misschien verwerpen sommige evolutionair biologen deze theorie, omdat ze van mening zijn dat het Krentenboompje met zijn levenswijze zijn eigenbelang maximaliseert door natuurlijke selectie, het soort argument waar ook markteconomen mee komen. Concurrentie om succes tussen individuen werd in de ecologie en de economie lang als de drijvende kracht gezien. Wetenschap, politiek en economie waren met elkaar verknoopt doordat ze metaforen uit de natuurlijke wereld overnamen die evenveel zeiden over sociale houdingen als over de ecologische werkelijkheid. Maar die benadering wordt steeds meer in twijfel getrokken, en er komt steeds meer wetenschappelijk bewijs dat ook symbiose en samenwerking een belangrijke rol in de evolutie spelen en het ecologisch welzijn vergroten, vooral in veranderende omgevingen. Symbiose of wederzijdse uitwisselingen creëren overvloed voor beide partners, door te delen.

De Krentenboompjes netwerken niet alleen boven de grond met partners, voor bestuiving en verspreiding, maar ook onder de grond, met mycorrhizaschimmels en andere microbiële gemeenschappen die stoffen uitwisselen. Misschien omdat het perspectief van de tragedie van de meent bij ons zo ingebakken zit, namen we eerst aan dat deze schimmels voedingsstoffen van de bomen 'stalen', maar als we beter kijken, lijkt het alsof de voedingsstoffen vrijwillig worden gegeven in een netwerk van wederkerigheid.

Wat als schaarste slechts een cultureel concept is, een verzinsel dat ons afhoudt van een betere manier van leven? Als ik de Krentenboompjeseconomie onderzoek, zie ik geen schaarste, maar overvloed die gedeeld wordt: er is gewoonlijk geen gebrek aan fotosynthaat, doordat zon en lucht eeuwig hernieuwbare hulpbronnen zijn. Natuurlijk is er soms niet genoeg regen, en dan golft de schaarste door het web van relaties. Dat is echte schaarste: als de regen uitblijft. Het is een fysieke beperking met nadelige gevolgen en verliezen die worden gedeeld, zoals ook overvloed wordt gedeeld. Dat soort schaarste, die ontstaat door natuurlijke fluctuatie, daar maak ik me geen zorgen over.

Waar ik me wel over opwind, is uit de duim gezogen schaarste. Kapitalistische markteconomieën kunnen alleen functioneren als er schaarste is, en het systeem is zo ontworpen dat het schaarste creëert waar die feitelijk niet bestaat. Sinds mijn middelbareschooltijd, tientallen jaren geleden, had ik nauwelijks nog over economie nagedacht, maar nu besef ik dat ik het principe van schaarste simpelweg had geaccepteerd als een natuurlijk feit.

Ik probeer het aan mezelf uit te leggen en te denken als een econoom, niet als een ecoloog. Om geld te kunnen verdienen moeten er producten worden gekocht en verkocht. Hoe schaarser die producten zijn, hoe hoger hun prijs en dus hoe hoger hun opbrengst. Het zit dus denk ik zo: de markteconomie vereist dat overvloedige, gratis beschikbare aardse geschenken omgezet kunnen worden in handelsartikelen en schaars gemaakt door privatisering en hoge prijzen. Dat lijkt krankzinnig, dus ik check of ik het goed begrijp met het voorbeeld van mooi, zuiver water – een geschenk uit de hemel. Het was vroeger ondenkbaar dat je zou moeten betalen voor een glas water, maar omdat zoet water verontreinigd raakt door achteloze economische uitbreiding, stimuleren we nu privatisering van bronnen en waterhoudende grondlagen. Zoet water, een gratis geschenk van de Aarde, wordt ingepikt door bedrijven zonder gezicht die het in plastic flessen stoppen om het te kunnen verkopen. En nu kunnen velen zich niet veroorloven wat vroeger gratis was en stimuleren we het ruïneren van openbare wateren om een vraag te creëren voor de geprivatiseerde. Niets zet mensen overtuigender aan om flessenwater van een bedrijf te kopen dan verontreinigd water dat uit de kraan komt.

In inheemse samenlevingen over de hele wereld, waar nog overblijfselen van geschenkeconomieën te vinden zijn, is water echter heilig en hebben mensen een morele verantwoordelijkheid om er goed voor te zorgen, om het te laten stromen. Het is een geschenk dat met iedereen gedeeld moet worden, en het idee om water te bezitten is ecologisch en ethisch gezien bespottelijk. Lewis Hyde schrijft: 'Door een marktwaarde aan een geschenk toe te kennen, vernietig je het geschenk.'

Doordat we trouw zijn blijven zweren aan economieën die op concurrentie om uit de duim gezogen schaarste gebaseerd zijn in plaats van op samenwerking rond natuurlijke overvloed, dreigt nu het gevaar dat we werkelijke schaarste veroorzaken, wat blijkt uit tekorten aan voedsel en zuiver water, schone lucht en vruchtbare aarde. Klimaatverandering is een gevolg van deze extractieve economie, en dwingt ons om het onvermijdelijke gevolg van onze consumptieve levensstijl onder ogen te zien: echte schaarste, waarvoor de markt geen remedie heeft.

Het creëren van kunstmatige schaarste door hamsteren wordt niet getolereerd in de inheemse filosofie van de geschenkeconomie, die is gebaseerd op onze verantwoordelijkheid om geschenken door te geven. Sterker nog, het 'monster' in de cultuur van de Potawatomi is Wendigo, die lijdt aan de ziekte van te veel nemen en te weinig delen. Hij is een kannibaal met een onverzadigbare honger die zich door de wereld heen eet. Wendigo-denken brengt het voortbestaan van de gemeenschap in gevaar door het stimuleren van individuele vermeerdering die de voldoening van genoegheid ver overstijgt. Hedendaagse Wendigo's die het leven kannibaliseren om geld binnen te harken hebben een naam nodig. Misschien is 'Darren' wel geschikt.

De dreiging van werkelijke schaarste wordt veroorzaakt door ongebreideld kapitalisme. We onttrekken veel meer uit de bodem en consumeren veel meer dan de Aarde kan aanvullen. Een economie die is gebaseerd op de onmogelijkheid van eeuwige groei leidt tot nachtmerriescenario's. Ik krimp ineen als in economische artikelen de toenemende snelheid van economische groei bejubeld wordt, alsof dat iets goeds is. Het is misschien goed voor de Darrens van deze wereld, voor de korte termijn, maar het is een doodlopende straat voor anderen. Het is een vernietigende machine.

Op een gegeven moment tijdens het schrijven – toen ik me probeerde voor te stellen hoe het model van het Krentenboompje en oude geschenkeconomieën ons zou kunnen helpen een manier te bedenken om te ontsnappen aan de wederzijdse gegarandeerde vernietiging van het genadeloze kapitalisme – had ik behoefte om even afstand te nemen tot de Wendigo-schaduw die me bekroop. Gelukkig kreeg ik toen een berichtje van mijn buurvrouw Paulie. Alsof ze vanaf de andere kant van de vallei mijn bezorgde gedachten kon lezen, nodigde ze me uit om bessen te komen plukken op haar boerderij. Van het Krentenboompje. Gratis. De synchroniciteit was zo prikkelend dat ik als een speer van mijn bureau naar de boomgaard vloog.

Paulie en Ed Drexler runnen Springside Farm. Ik kan vanaf hier de rijen kerstbomen, de maisdoolhof en het pompoenenveldje zien. Paulie plantte deze boomgaard met handel in haar achterhoofd, als deel van haar inkomstenstroom als kleine lokale boer: een vernieuwend product dat mensen tegen betaling zelf konden komen plukken – een methode die winstgevend kan zijn. Maar in plaats daarvan nodigde ze die dag haar buren uit om gratis te komen plukken. Haar arbeid en onkosten zijn niet gratis: de grond bewerken, irrigatie en marketing kosten geld. De boompjes kosten geld, net als de brandstof wanneer Ed het gras tussen de rijen maait, en de Krentenboompjes kunnen niet hun eigen kosten betalen.

Paulie verliest de opbrengst van haar investering door ons uit te nodigen onze emmers te komen vullen met deze zoete overdaad. Ze volgt de regels van de kapitalistische markteconomie niet; ze gedraagt zich niet op een manier die haar een maximale winst oplevert. Wat on-Amerikaans.

In één klap rolden haar bessen van de productenkolom op een spreadsheet in een doos met een strik erom die 'geschenk' heette. De bessen waren niet veranderd: ze waren nog steeds sappig en zaten barstensvol antioxidanten. De boerderij was ook niet veranderd. Het is een klein familiebedrijf, met verschillende gewassen die het hele jaar inkomsten opleveren, van lammetjes in het vroege voorjaar tot kerstbomen in de winter. Het enige wat was veranderd, was dat de mensen die kwamen plukken niet gevraagd werd om geld in de koffiepot in de schuur te stoppen.

Ik vroeg haar waarom ze dit deed, vooral omdat we midden in een pandemie zaten en alle kleine bedrijven worstelden om het hoofd boven water te houden. 'Nou, ze hangen zo enorm vol,' zei ze. 'Er is meer dan genoeg om te delen, en de mensen kunnen op het moment wel wat goedheid in hun leven gebruiken.' De buurtbewoners kwamen plukken in de koelte van de vroege avond, en hielden keurig afstand door aan tegenovergestelde uiteinden van de rijen te plukken, van elkaar verwijderd maar toch verbonden door het ritme van handen die van boompje naar emmer – en mond – bewogen. 'Iedereen is nu zo somber,' zei ze, 'maar in de boomgaard hoor ik alleen maar blije stemmen. Het voelt goed om een beetje plezier te geven.'

Maar ik wil mensen ook iets leren, zegt ze. De meesten kennen het Krentenboompje nog niet, en door de vruchten uit te delen, nodig ik hen uit ze te proberen. Ze worden nu gebruikt om er taarten en jam van te maken en je mond ermee vol te proppen, ze worden geroemd als geschenk van het land, maar als product in de markteconomie zijn ze niet erg bekend. Paulie zegt dat haar doel simpelweg is om iemand voor het eerst bessen van het Krentenboompje te laten proeven. De bessen doen vervolgens de rest.

Paulie staat bekend om haar nuchtere levenshouding, dus over haar uitleg zegt ze beslist: 'Het is niet echt altruïsme. Een investering in de gemeenschap levert je op een of andere manier altijd iets op. Misschien dat de mensen die nu voor de bessen van het Krentenboompje komen, terugkomen voor Zonnebloemen en daarna voor Blauwe bessen. Zeker, het is een geschenk, maar ook goede marketing. Door het geschenk ontstaan relaties, en dat is altijd goed. Eigenlijk is dát wat we hier produceren: relaties, met elkaar en met de boerderij.' De valuta van relaties kan zich op een later tijdstip manifesteren als geld, want Paulie en Ed moeten natuurlijk wel hun rekeningen betalen. Gratis bessen kunnen zich vertalen in een stijging in de verkoop van pompoenen, doordat mensen vaak teruggaan naar een plek waar ze een relatie mee hebben. 'De mensen hebben het gevoel dat ze meer hebben gekregen dan waarvoor ze betaald hebben,' legt ze uit. 'Ze hebben kennisgemaakt met een nieuw voedselproduct, of hun kinderen op hooibalen zien klimmen.' Een goed gevoel is de werkelijke toegevoegde waarde. Ook al wordt voor iets betaald als handelsartikel, er zit altijd het geschenk van relatie aan vast.

De voortdurende wederkerigheid van schenken strekt zich nog verder uit, voorbij de volgende klant, tot in een web van relaties die niet transactioneel zijn. Paulie en Ed bouwen goodwill op, zogeheten sociaal kapitaal. 'Het is altijd waardevol als mensen je kennen,' merkt Paulie op. Als iemand een hek open laat staan en de schapen van die persoon belanden in mijn tuin, zorgt goodwill ervoor dat de afgeknabbelde dahlia's vergeven kunnen worden. 'Hecht meer waarde aan mensen dan aan dingen; zo zie ik het,' zegt Paulie. 'Boeren roepen altijd graag: "Zonder boeren zou je naakt, hongerig en nuchter zijn." Maar het werkt twee kanten op: zonder goede buren zou je ook alleen zijn, en dat is erger.'

En het zou zomaar kunnen dat de klant die de geur van rijpe bessen, de aanblik van lammetjes in de wei en de herinnering van zijn kinderen boven op een hooibaal leert waarderen, bij de volgende verkiezingen stemt vóór behoud van landbouwgrond. Dan heeft de investering van een gratis emmer bessen een mooie opbrengst opgeleverd.

Ik koester het idee van de geschenkeconomie, het idee dat we ons misschien kunnen losmaken van het verpletterende systeem dat alles tot een handelsartikel reduceert en de meesten van ons berooft van wat we werkelijk willen: een gevoel dat we ergens bij horen, van verbondenheid, doelbewustheid en schoonheid, dat nooit in een handelsartikel kan worden veranderd. Ik wil deel uitmaken van een systeem waarin rijkdom betekent dat je genoeg hebt om te delen en waarin het bevredigende gevoel dat je aan de behoeften van je gezin kunt voldoen niet wordt vergald door de wetenschap dat je die mogelijkheid voor iemand anders verknald hebt. Ik wil leven in een samenleving waarin de betaalmiddelen dankbaarheid en vriendelijkheid zijn, eeuwig hernieuwbare hulpbronnen die zich vermenigvuldigen telkens als ze worden gedeeld, en die niet in waarde dalen als ze worden gebruikt.

Antropologen die geschenkeconomieën bestuderen geven aan dat ze goed werken in kleine, hechte gemeenschappen. En misschien zeg je nu terecht dat we niet langer in kleine, hechte samenlevingen leven waar vrijgevigheid en wederzijdse eerbied de bouwstenen van relaties zijn. Maar we zouden het wel kunnen. Het ligt binnen onze macht om zulke netwerken van onderlinge afhankelijkheid te creëren, buiten de markteconomie om. Misschien kunnen we ons op die manier aan een kannibalistische economie onttrekken. Gemeenschappen die bewust uitgaan van samenredzaamheid en wederkerigheid zijn de golf van de toekomst, en hun betaalmiddel is delen. De stap naar een lokale voedseleconomie gaat niet alleen over versheid en voedselkilometers, en CO_2-voetafdrukken en organische bodemstoffen, maar ook over het diepgevoelde menselijke verlangen naar verbinding, naar eerbied, naar een gevoel van wederkerigheid met de geschenken die je gegeven worden.

Dergelijke initiatieven zijn gericht op precies die dingen waar we naar verlangen, maar die we nooit kunnen kopen: gewaardeerd worden om je eigen unieke gaven, gerespecteerd worden door je naasten om de kwaliteit van je karakter, niet om de kwantiteit van je bezittingen; om wat je geeft, niet om wat je hebt.

Ik denk niet dat het marktkapitalisme gaat verdwijnen. De gezichtsloze instellingen die ervan profiteren zijn te stevig verankerd. De dieven zijn erg machtig. Maar de veronderstelling dat we mensen kunnen prikkelen tot het bevorderen van een geschenkeconomie die parallel loopt aan de markteconomie, is volgens mij geen luchtkasteel. We hunkeren immers niet naar gezichtsloze trickledownwinsten, maar naar wederkerige, persoonlijke relaties die van nature overvloedig zijn maar schaars worden gemaakt door de anonimiteit van grootschalige economieën. We zijn bij machte om dat te veranderen – om de lokale, wederkerige economieën te ontwikkelen die de gemeenschap dienen in plaats van haar te ondermijnen.

In *Naar een economie van verbinding* schrijft Charles Eisenstein over de economie van ecosystemen dat in de natuur onstuimige groei en intensieve concurrentie kenmerken zijn van onvolwassen ecosystemen, gevolgd door complexe onderlinge afhankelijkheid, symbiose, samenwerking en de kringloop van hulpbronnen. De volgende fase in de menselijke economie zal gaan lijken op wat we beginnen te begrijpen van de natuur. Het wordt een economie waarin ieders gaven naar de voorgrond worden gebracht, waarin meer nadruk wordt gelegd op samenwerking dan op concurrentie, waarin circulatie wordt bevorderd en hamsteren ontmoedigd; en het wordt een cyclische in plaats van een lineaire economie. Geld verdwijnt dan misschien voorlopig nog niet, maar gaat wel een kleinere rol spelen, zelfs wanneer het meer de kenmerken van een geschenk krijgt. De economie zal krimpen en ons leven zal ruimer worden.

Weet je, het verhaal van het gratis kraampje biedt nog een glimp van wat mogelijk is. Ja, het werd meegenomen, waardoor een ontluikende geschenkeconomie de kop werd ingedrukt door een geschenk te 'privatiseren' – ook wel stelen genoemd. Maar in het voorjaar daarna bood een plaatselijke padvinder aan om een nieuwe kraam te bouwen. Sterker nog, hij is van plan er meerdere te maken en ze her en der in de gemeenschap neer te zetten zodat groenten gedeeld kunnen worden. Er komen kraampjes met gratis groenten naast de minibiebjes met gratis boeken te staan. Hij ontwricht het model van een markteconomie en wordt gerespecteerd omdat hij een alternatief ondersteunt. Tuiniers hoeven courgettes die ze over hebben niet langer stiekem bij vreemden in de brievenbus te stoppen; het overschot wordt voortaan opgeslagen in de buik van een buur.

Ik heb me verdiept in ecologische economie, het bepalen van de waarde van ecosysteemdiensten, biomimicry, voorstellen voor klimaatrechtvaardigheid, voor klimaatfinanciering, voor de nieuwe Green Deal, voor energievaluta's en Benefit Corporations. Niet dat ik dat leuk vind, want het taalgebruik is voor mij abracadabra, net zoals mijn plantkundige terminologie abracadabra is voor economen. Maar hoe meer ik te weten kom over de vooruitziende verdedigers van regeneratieve economieën, hoe dankbaarder ik ben voor de geniale mensen die zich inzetten om een ander systeem te ontwikkelen, een systeem dat gericht is op een leefbare toekomst.

Ik moet denken aan het bekende model van de donuteconomie van Kate Raworth. Zij zet vraagtekens bij de gebrekkige aannames van de hedendaagse economie en stelt in plaats daarvan een economie voor die begrensd wordt door een ecologisch plafond en gebaseerd is op sociale rechtvaardigheid. Ze schrijft dat welvaart afhangt van meer dan alleen het bevredigen van fysieke behoeften, en dat het ook gaat om dingen als gemeenschapsgevoel, wederzijdse steun en gelijkheid. Rijkdom is veel meer dan wat het bruto binnenlands product meet, en de markt is niet de enige bron van economische waarde. Ze dringt er bij beleidsmakers op aan om de waarde van gemeenschappelijk grondbezit, groene ruimte en biodiversiteit te erkennen. Haar modellen omvatten ook de 'productiviteit' van onbetaalde arbeid, zoals mantelzorg en vrijwilligerswerk en een moestuin bijhouden. Dat zijn de elementen van welvaart die nooit in een spreadsheet verschijnen, maar onmisbaar zijn voor ons welzijn.

Ook Katherine Collins valt op als iemand die ons met het ontwerpen van nieuwe investeringsstrategieën een duwtje in de richting van een circulaire economie geeft. Ze zette een opmerkelijke stap in haar carrière als zakenvrouw toen ze een theologische opleiding ging volgen, zodat ze het vocabulaire van waarden net zo goed onder de knie kreeg als de taal van financiën. Dat zorgde ervoor dat ik wilde luisteren. Het lijkt me dat deze denkers erg beïnvloed worden door wat het Krentenboompje al weet en ons altijd al heeft laten zien. Net als de Esdoorns en de Lisdodden en de Paardenbloemen. Maar we vervingen hun wijsheid door zelfbedachte systemen. Ik was blij te horen dat dr. Raworth het eerbiedig oogsten nu heeft opgenomen in haar colleges economie aan de University of Oxford. Er komt verandering aan.

In deze urgente tijd van een dreigende klimaatramp moeten we snel overstappen op een economie zonder CO_2-emissies om het leven zoals we dat kennen in stand te houden. Een medestamlid verwoordde precies mijn gedachten toen ze schreef: 'Als de economie vereist dat mensen meer hulpbronnen verbruiken dan de Aarde kan aanvullen, alleen maar om te voorkomen dat de hele boel instort, wordt het dan niet tijd voor een nieuwe economie?' Maar hoe moet een nieuw systeem een stevig verankerd systeem vervangen?

Als plantkundige weet ik dat we kunnen leren van de wereld van velden en bossen. Plantgemeenschappen veranderen en vervangen elkaar voortdurend in een dynamisch mozaïek dat we ecologische opeenvolging noemen.

We kennen het stereotiepe beeld van het ongerepte woud, maar in werkelijkheid zijn plantgemeenschappen constant aan veranderingen onderhevig. Het 'onafgebroken woud' dat we in vogelvlucht zien is in feite een patchwork van groepen bomen van verschillende leeftijden en met verschillende geschiedenissen. Branden, aardverschuivingen, overstromingen, stormen, insectenplagen, ziektes en door de mens veroorzaakte rampen verstoren de groene deken op onvoorspelbare manieren – en toch met een enigszins voorspelbare reactie. Door een grote verstoring die een bos wegvaagt ontstaat vaak een open plek, met volop zon, verstoorde grond en allerlei hulpbronnen, doordat de vorige bewoners weg zijn. Op zulke plekken vestigen zich snelgroeiende soorten, dicht opeengepakt, in een poging te profiteren van de tijdelijke omstandigheden. Deze pioniersoorten zijn opportunisten: ze verbruiken hulpbronnen, verdringen anderen en vermeerderen zich als een dolle. Alles draait om 'ikke, ikke, ikke'; ze investeren alleen in hun eigen exponentiële groei, zonder rekening te houden met de toekomst, hun verwanten of hun levensduur. Klinkt bekend? Het is een veld vol snelgroeiend onkruid, of een groep espen. Het is alsof Euromerikanen, in het tijdperk van kolonisatie en het vervan-

gen van 'oude culturen', zich na een massale verstoring als koloniserende planten gedragen en het landschap overheersen. Maar die koloniserende planten komen erachter dat ze niet kunnen doorgaan met zo snel groeien en hulpbronnen uit de grond halen. De hulpbronnen beginnen op te raken, de te dichte populaties kunnen door ziektes geplaagd worden en wedijver begint hun groei te belemmeren. In feite bevorderen ze met hun gedrag hun eigen vervanging. Door hun woekerende groei houden ze voedingsstoffen vast en ontwikkelen ze stabielere omstandigheden waarin degenen die na hen komen kunnen gedijen. Gaandeweg worden ze steeds meer vervangen.

Degenen die na hen komen zijn anders en groeien langzamer in een wereld met beperkte hulpbronnen. Stressrijke omstandigheden bevorderen samenwerkingsrelaties naast wedijver. De extractieve praktijken van de kolonisten moeten vervangen worden door wederkerigheid en aanvulling, anders overleeft niemand het. De nieuwe bewoners doen er alles aan om op de lange termijn stand te houden. Deze nieuwe gemeenschappen worden volwassen en duurzaam genoemd en vormen een contrast met het puberale gedrag van hun voorgangers. Deze transitie van uitputting naar wederkerigheid en van individueel welzijn naar algemeen welzijn wordt vergeleken met de transitie die koloniserende menselijke samenlevingen moeten maken – van hamsteren naar circuleren, van onafhankelijk naar onderling afhankelijk, van verwonden naar helen – als we in de toekomst willen blijven gedijen.

Hoe veranderen systemen? Hoe kunnen we de omslag maken naar de rechtvaardige gemeenschappen die we nodig hebben en willen? Bij het natuurlijke proces van ecologische vervanging zijn er vooral twee mechanismen aan het werk om een complex systeem te vervangen dat het landschap overheerst en te groot lijkt om te veranderen. Opeenvolging leunt deels op toenemende verandering, de langzame maar gestage vervanging van dat wat niet gunstig is voor ecologische voorspoed door nieuwe gemeenschappen. Maar opeenvolging leunt ook op verstoring, op het ontwrichten van de status quo om nieuwe soorten te laten verschijnen en bloeien. Sommige omvangrijke verstoringen zijn verwoestend, en herstel is niet altijd mogelijk. Andere verstoringen, van de juiste omvang en het juiste type, zorgen voor vernieuwing en diversiteit. Bij de inheemse manier van natuurbeheer wordt gebruikgemaakt van zorgvuldig afgestemde typen verstoring om een levend mozaïek te creëren dat verschillende stadia van herstel vertoont. Door verstoringen ontstaan ruimtes, open plekken en overgangsgebieden tussen de nieuwkomers en de overheersers. Ik zou graag zien dat opkomende geschenkeconomieën gestimuleerd worden op de open plekken die veroverd worden op de dominerende markteconomie.

We beschikken over deze beide instrumenten – toenemende verandering en creatieve verstoring – om een culturele transformatie teweeg te brengen. Ik hoop dat we ze allebei gaan gebruiken. In deze urgente periode moeten we de storm worden die de vergrijzende, verwoestende economieën omverblaast, zodat er plaats ontstaat voor de nieuwe. De ecotonen, ofwel de overgangsgebieden tussen twee ecosystemen, het nieuwe en het oude, behoren tot de meest diverse en productiefste ecosystemen die er zijn, vol bessen en vogels. Er zijn soorten die noch in het nieuwe, noch in het oude leven, maar langs de randen. Dit is het thuis van de Cederpestvogel en het rijk van het Krentenboompje.

De economie van het extractief kapitalisme van de Darrens, van het misbruiken van de geschenken van Moeder Aarde, is een misdaad tegen de Natuur. Ik geloof dat diefstal bij wet strafbaar is, en we moeten leiders kiezen die in gerechtigheid geloven. De fossielebrandstofeconomie veroorzaakt massa-extinctie in verzuurde oceanen en verdwijnende bossen, dodelijke hittegolven en onmetelijk menselijk leed. Op welke plek staan de Cederpestvogel en het Krentenboompje op de Rode Lijst van met uitsterven bedreigde soorten? Ik vrees voor het welzijn van mijn prachtige groene vallei en het voortbestaan van kleine boerderijen.

Het is nu al te stil op het land. Wat als we bij het berekenen van welzijn ook rekening hielden met vogelgezang, het steeds luider wordende getjirp van Krekels op een zomeravond, en buren die elkaar op straat iets toeroepen?

Ik zie mogelijkheden voor een mozaïek van economieën naar het voorbeeld van mijn buren. Ja, Ed en Paulie moeten hun rekeningen betalen en maken deel uit van de markteconomie, maar tegelijkertijd nemen ze deel aan een geschenkeconomie. Aan elk verkocht product voegen ze iets toe wat niet tot een handelsartikel kan worden gemaakt, en daardoor wordt het nog waardevoller. Mensen komen naar hen toe voor een gevoel van verbondenheid met het land, om te lachen met de boer als medemens die de frisse herfstlucht koestert –

niet voor een pompoen louter als handelsartikel, want die kunnen ze overal kopen. Geschenkeconomieën zijn plezieriger, bevredigender en net zo voedzaam als de pannenkoeken met bessen van het Krentenboompje bij Springside Farm. En stiekem courgettes in een geparkeerde auto leggen. Ik geloof al heel lang dat degenen die meer plezier hebben de winnaars zijn. Misschien dat dat het machtsverschil tussen ons en Darren opheft. Wij hebben vreugde en rechtvaardigheid aan onze kant. En bessen.

Ed en Paulie kweken hier ook andere bessen. Ze zijn beroemd om hun ontbijt met blauwebessenpannenkoeken, waarvoor buren in hartje zomer naar hun boerderij komen. Terwijl de bessen in mijn emmer plopten, dacht ik na over mijn aloude overtuiging dat bessen plukken de eerste stap is in een levenslange kameraadschap met de levende wereld. Ik heb het zien gebeuren. Studenten die tijdens onze wandelingen terughoudend zijn en hun scepsis tegenover denken in geschenken met een nauwelijks verhulde oogrol kenbaar maken. Ze gaan echt niet een blaadje van een wilde struik zomaar in hun mond stoppen – doe even normaal, zeg. Maar als we dan bij de frambozenstruiken komen, weet ik dat ze hun coole houding moeten laten varen. Alleen al de aanblik van een wilde framboos die daar bungelt, wachtend op hun vingers en mond, maakt iets in hen los, maakt hen ontvankelijk voor het idee van een geschenk. Ik begin te denken dat bessen plukken het medicijn is dat we nodig hebben om een heel leger landbeschermers bij elkaar te krijgen.

Er zijn mensen in mijn familie die hierin een stap verder zijn gegaan. Ze wonen in een stad in een wijk waar veel zuurpruimen grommend kinderen van hun gazon verjagen. Dus hebben mijn familieleden het ooit zo keurige plaatsje achter hun huis veranderd in een tuin met bessen en bloemperken en een bord opgehangen waarop staat dat kinderen uit de buurt gerust een handvol bessen en een bos bloemen mogen komen plukken om mee naar huis te nemen. Ze hebben hun privétuin veranderd in een gemeenschappelijke ruimte. Het betaalmiddel in deze geschenkeconomie is verbondenheid en een buurt waar mensen elkaar bij naam kennen, zelfs de zuurpruimen. De tragedie van de meent is veranderd in de overvloed van de gemeenschap. Dit is een geschenkeconomie die binnen ieders handbereik ligt. Het is revolutionair. En heerlijk.

Regeneratieve economieën die geschenken uitwisselen

zijn de enige weg vooruit. Om de mogelijkheid tot wederzijds gedijen voor vogels, bessen en mensen in stand te houden, hebben we een economie nodig waarin de geschenken van de Aarde gedeeld worden, naar het voorbeeld van onze oudste leraren: de planten. Ze nodigen ons allemaal uit in de kring om onze menselijke geschenken te geven in ruil voor alles wat ons gegeven wordt. Wat wordt ons antwoord?

EEN UITNODIGING OM DEEL TE NEMEN AAN DE GESCHENKECONOMIE

Het voorschot dat de auteur ontving voor dit boek over de geschenkeconomie van de natuurlijke wereld doneert ze als wederzijds geschenk aan het land, voor landbescherming, herstel en rechtvaardigheid ter ondersteuning van het helen van land en mens.

In de geest van de wederkerige geschenkeconomie zou je kunnen nadenken over hoe je op je eigen manier iets zou kunnen terugdoen voor de geschenken van de Aarde. Het maakt niet uit wat je valuta van wederkerigheid is: geld, tijd, energie, politieke actie, kunst, wetenschap, onderwijs, bomen planten, actie binnen de gemeenschap, herstel, grote of kleine vormen van zorg – ze zijn stuk voor stuk nodig in deze urgente periode. Je bent bij dezen uitgenodigd om lid te worden van de geschenkeconomie, ten behoeve van alle mensen en onze planeet.

DANKWOORD

Niets in deze wereld doen we in ons eentje. Ik dank de vele mensen die dit boekje met hun denk- en handelwijze mogelijk hebben gemaakt. Ed en Paulie Drexler van Springside Farm leverden de locatie van hun schitterende agrotoeristische boerderij, waar mensen worden uitgenodigd kennis te maken met de geschenken van het land en het geschenk van goede buren. Ik waardeer het geduld van mijn schoonzoon Dave, die met me heeft gepraat over economie, waarvan ik niet meer dan wat basiskennis heb. Mijn vriendin dr. Valerie Luzadis was erg behulpzaam door immer scherpzinnige gesprekken met me te voeren. Mijn dochter Larkin vertelde me het verhaal van het gratis kraampje en hoopt dat het in ere hersteld wordt. Ik ben Miki Kashtan en Madi Loustalot dankbaar omdat ze me hebben laten kennismaken met de taal van de moederlijke geschenkeconomie – en ik ben mijn moeder en dochters dankbaar dat ze die in hun leven tot uitdrukking brengen.

Dit essay verscheen oorspronkelijk in *Emergence Magazine*. Dank voor jullie toestemming om in de vorm van dit boekje een uitgebreidere versie te publiceren. Ik ben dankbaar voor de steun van de MacArthur Foundation voor hun hulp om tijd en ruimte te maken om eraan te werken. Ik heb met veel plezier samengewerkt met mijn redacteur Chris Richards en ben hem dankbaar dat hij me heeft gevraagd dit dunne boekje te maken. Ik waardeer de kunstwerkjes van illustrator John Burgoyne. Veel dank voor de zorgvuldigheid en begeleiding van Christie Hinrichs van Authors Unbound en aan Sarah Levitt van Aevitas Creative en aan Chloe Currens van Allen Lane.

Ik ben elke dag dankbaar voor de liefde, steun en inspiratie van mijn familie en vrienden, die dit leven mogelijk maken. Speciale dank aan de vogels en de bessen: *G'chi megwech*.

NOOT VAN DE VERTALER

Inheemse volkeren beschouwen alle wezens als personen die allemaal even belangrijk zijn. Daarom schrijft de auteur 'Krentenboompje', 'Roodborst' en 'Paulie' met een hoofdletter.

OVER DE AUTEUR EN ILLUSTRATOR

Robin Wall Kimmerer (auteur) is moeder, wetenschapper, professor en lid van de Potawatomi. Ze is de auteur van *Een vlecht van heilig gras: Hoe de natuur, wetenschap en traditionele kennis ons leren respectvol met de aarde om te gaan*, dat al jaren op de *The New York Times*-bestsellerlijst staat, en van *Gathering Moss: A Natural and Cultural History of Mosses*. Kimmerer ontving in 2022 de MacArthur Fellowship. Ze woont in Syracuse, New York, en is een gewaardeerde hoogleraar milieubiologie aan de State University of New York. Ze is ook oprichter van het Amerikaanse Center for Native Peoples and the Environment.

John Burgoyne (illustrator) is lid van de New York Society of Illustrators en oud-student van het Massachusetts College of Art. John heeft in de Verenigde Staten en Europa meer dan honderd prijzen gewonnen, onder andere van de Society of Illustrators, Communication Arts, Hatch Awards, Graphis, Print, One Show, New York Art Directors Club en Clio. Zijn werk is te vinden op JohnTBurgoyneIllustration.com.